[ 例 文 と 覚 え る ]

# イタリア語
## 必須イディオム・
## 連語1493

無料音声
ダウンロード付

Esempi di espressioni
idiomatiche e collocazioni
lessicali essenziali
della lingua italiana

Takaaki Honda
本多孝昭

ベレ出版

# まえがき

　イタリア語の会話や文章に親しむためには、文法の理解はもちろんのこと、豊富な語彙力が求められます。しかしその語彙力も、個々の単語の意味を知っているというだけでは不十分で、複数の単語が組み合わされて特別の意味を形成するイディオム（慣用句）を理解してはじめて語彙力が備わったということができるでしょう。

　ところが、単語やイディオムのほぼすべてを網羅する辞書はともかく、書店で必須単語集は見かけても、イディオムをまとめた書籍を目にすることはほとんどありません。これはイディオムが、単語同様、無数に存在して、しかも単語のように使用頻度で重要度をランク付けしにくいという特徴を有するからでしょう。いかなる分野で使用するかによってそのイディオムの重要度は当然変わるものです。

　このように書物にまとめにくいイディオムですが、私はそれを、必要と思われるものだけピックアップし、その意味と用例を添えて一冊の本にしたいと考えました。これは私自身、かねてより構想を描いていたものです。必要と思われるイディオムは、私がこれまで翻訳や通訳、イタリア語指導の過程でストックしてきた原文などを細かくチェックして選び出したものです。

　当然のことながら、本書に列挙されたもの以外にも重要なイディオムはたくさん存在するはずです。しかし、おおむねスタンダードなものは押さえたつもりです。少なくともイタリア語の効率的学習にとってはプラスになると言えるでしょう。

　書籍のタイトルの中に「連語」とあるのは、イディオムとは言えないけれど、複数の単語をセットにして理解するのが望ましいと思われる語句を本書に多数掲載したからです。これらの連語も、イタリア語学習者にとって、文章の理解、会話の発展に大いに寄与すると確信しています。

　なお、用例の表現や内容、使用する単語には、やや難しいものも含まれます。その場合は、そのイディオム・連語自身が一般的にそのような状況下で用いられるものなのだとご理解ください。

　例外ですが、連語ではない通常の単語をいくつかあげています。掲載したほうがいいとの判断からです。こちらもご理解ください。

できるだけ自然な用例を作成する必要上、本書掲載のイディオムを他の
イディオムの用例中に使用するケースがありますが、その点もご了承くだ
さい。

　用例の中には、独立したイディオムとして掲載されてはいないものの、
十分掲載に値するイディオムがときに含まれます。それらに関しては、索
引に収めることとしました。索引もぜひ参考にしてください。本文からの
学習だけでなく、索引からの学習も効果的と考えます。

　本書の執筆にあたっては、数多くの用例をひとつひとつ丁寧にチェック
してくださったディエーゴ・ペレッキアさんに、この場を借りて心よりお
礼を申し上げます。

# 本書の使い方

　イディオム・連語の使い方をより分かりやすくするため、各見出しの中に、あえて日本語で「名詞」「人」「不定詞」「直説法」「接続法」などの文法用語を加えています。

　「名詞」に関しては、対象が基本的に"人"だけの場合に「人」とし、"人以外"が対象、あるいは"人"も"人以外"も対象となる場合には「名詞」としています。

　イディオム・連語にからむ語句は、〜または ... で表しています。不統一な用い方をしていますが、意図するところは理解していただけると思います。
　また、理解を助けるために、〜または ... で表すべき箇所をアルファベットの A、B を用いて表すこともあります。

　［　］は、直前の単語もしくは語句との置き換えが可能であることを示しています。/ 、// は、"または"を表しています。

　イディオム・連語の見出し、および用例の中で使用される（　）は、省略の可能性を示しています。日本語訳の中の（　）は、意味の補充です。

　＊の部分の記述は、イディオム・連語の特徴、用法等に関する若干の補足です。

　付属の音声には、掲載したすべての用例が収録されています。用例を、自然なイタリア語の音声で聴くことによって、学習される皆さんのイディオム・連語への理解がさらに進むことを期待しています。

　見開きで1トラックとしてトラック分けされていて、奇数ページ右端上部（p.282のみ左端上部）「Traccia-1」がトラック番号です。
　音声ダウンロード方法については、p.341をご覧ください。

## 0001 a base di ＋ 名詞
主に〜から成る、主に〜から作られた

▶ Questo metallo è **a base di** rame.
この金属は主に銅からできている。

## 0002 a beneficio di ＋ 名詞
〜のために

▶ Ho fatto un'offerta **a beneficio di** questo tempio.
私はこのお寺のために寄付をした。

## 0003 a bordo
機内に、船内に

▶ Sono salito **a bordo**.
私は（飛行機に、船に）乗り込んだ。

## 0004 a bordo di ＋ 名詞
〜に乗って

▶ Abbiamo fatto una crociera sul Mediterraneo **a bordo di** una grande nave.
私たちは大きな船に乗って地中海をクルーズした。

## 0005 a braccia aperte
大歓迎で

▶ La famiglia della mia ragazza mi ha accolto **a braccia aperte**.
彼女の家族が私を大歓迎でもてなしてくれた。

## 0006 a breve [medio / lungo] termine

短期 [中期 / 長期] の；短期的 [中期的 / 長期的] には

▶ **A lungo termine** i prezzi non cambieranno molto.

長期的には、物価はそれほど変動しないだろう。

## 0007 a buon mercato

安く、安い値段で；大きな損害もなく

▶ Riccardo ha acquistato questo tappeto **a buon mercato**.

リッカルドはこのじゅうたんを安く手に入れた。

## 0008 a buon prezzo

安く、安い値段で

▶ In Italia la frutta si vende **a buon prezzo**.

イタリアでは果物が安く売られている。

## 0009 a cappella

無伴奏で、アカペラで

▶ Loro hanno cantato **a cappella**.

彼らは伴奏なしで歌った。

## 0010 a carico di ＋ 名詞

〜の負担で、〜の支払いで

▶ Queste merci vengono consegnate **a carico del** mittente.

これらの商品は発送人の負担で配達される。

## 0011 a caso

行き当たりばったりに、たまたま

▶ Abbiamo scelto quel ristorante **a caso**.

私たちは行き当たりばったりでそのレストランを選んだ。

## 0012 a [per] causa di + 名詞
〜のために、〜のせいで

▶ <u>A causa del</u> ritardo del treno, ho perso la coincidenza con il rapido per Lecce.
列車が遅れたために、私はレッチェ行きの特急に乗り換えられなかった。

## 0013 a centinaia
何百となく、大勢で、多量に

▶ Dal buco sono uscite formiche **a centinaia**.
穴から何百となくアリが出てきた。

## 0014 a che ora
何時に

▶ Signor Cedroni, **a che ora** vuole la sveglia?
チェドローニ様、何時にモーニングコールをご希望ですか？

## 0015 a colori
カラーの

▶ Quando ero bambino, i televisori **a colori** erano molto cari.
私が子供の頃、カラーテレビはとても高かった。

## 0016 a colpo d'occhio
ひと目で

▶ Ho riconosciuto Ursula **a colpo d'occhio**.
私はひと目でウルスラだと分かった。

**0017** a cominciare da ＋ 名詞

〜から、〜をスタートに

▶ **A cominciare da** aprile, questa trattoria sarà aperta anche la domenica.

4月からこのトラットリーアは日曜日も営業の予定である。

**0018** a condizione che ＋ 接続法

〜という条件で、〜であれば

▶ Ti permetto di usare la mia macchina **a condizione che** tu non vada troppo forte.

君がスピードを出し過ぎないということなら、僕の車を使うことを君に許すよ。

**0019** a condizione di ＋ 不定詞

〜という条件で、〜であれば

▶ Loro possono andare in discoteca **a condizione di** tornare presto.

彼らは早く帰るという条件でディスコに行ける。

**0020** a confronto di ＋ 名詞

〜と比べて

▶ **A confronto di** Ravenna, la nostra città non è così antica.

ラヴェンナに比べれば、私たちの町はそれほど古くない。

**0021** a contatto con ＋ 名詞

〜に触れると、〜と接触して、〜と関係して

▶ È molto pericoloso mettere questo liquido **a contatto con** la pelle.

この液体は、肌に触れるととても危険です。

## 0022 a conti fatti
結局、結果的に、すべて考慮して
▶ **A conti fatti** sarebbe meglio questo.
結局のところ、これがいいかな。

## 0023 a costo di + 名詞
〜をかけて、〜を犠牲にしても
▶ Ti proteggerò **a costo della** mia vita.
自分の命をかけて君を守ります。

## 0024 a destra [sinistra]
右 [左] に
▶ Gira subito **a destra** e troverai una gelateria.
すぐ右に曲がって。そうすればジェラート屋があるから。

## 0025 a destra e a manca
至るところに
▶ Per fare pubblicità abbiamo distribuito il volantino **a destra e a manca**.
宣伝のために、私たちは至るところにチラシを配った。

## 0026 a destra e a sinistra
左右に、あちこちに
▶ In questa zona si parcheggiano macchine **a destra e a sinistra** delle strade.
この地区では、自動車が道路の左右に駐車している。

**0027** **a differenza di** + 名詞

～と違って、～と異なって

▶ La cucina italiana è molto varia, **a differenza di** quella britannica.

イタリア料理は、英国料理と違って、とても種類が多い。

**0028** **a dire la verità // a dire il vero // in verità // per la verità**

本当のことを言うと、実は

▶ **A dire la verità**, non mi piace molto l'architettura gotica.

実を言うと、私はゴシック建築があまり好きではありません。

**0029** **a dispetto di** + 名詞

～にもかかわらず、～を無視して、～におかまいなしに

▶ Tommaso è andato a nuotare **a dispetto di** quello che gli ha detto il dottore.

医者が言ったことを無視してトンマーゾは泳ぎに行った。

**0030** **a [in] distanza**

離れて、遠くから

▶ La nostra storia d'amore è **a distanza**.

私たちの恋愛は遠距離だ。

**0031** **a distanza di** + 名詞 （期間・距離）

～経って、～後に；～の距離をあけて

▶ **A distanza di** tre anni questo libro non perde la sua popolarità.

3年経ってもこの本の人気はなくならない。

**0032** a domicilio

自宅に

▶ Quest'articolo, possiamo consegnarlo **a domicilio**.
この品物については、私どもは宅配することができます。

**0033** a dovere

ちゃんと、しかるべく

▶ Mario si è comportato **a dovere**.
マーリオは、行儀良くふるまった。

**0034** a due passi da + 名詞

～から目と鼻の先に

▶ Il suo studio si trova **a due passi da** casa sua.
彼の事務所は自宅から目と鼻の先にある。

**0035** a [in] favore di + 名詞

～の（利益の）ために、～に有利に

▶ Mia nonna ha donato tanto denaro **a favore di** un istituto di carità.
私の祖母はある慈善団体のためにたくさんの金を寄付した。

**0036** a fianco di + 名詞

～のそばに [の]、～の隣に [の]、～の横に [の]

▶ Nessuno stava **a fianco del** malato.
その病人のそばには誰もいなかった。

**0037** a fondo

徹底的に、とことん

▶ Il dottore ha esaminato **a fondo** la causa del sintomo.
医者は症状の原因を徹底的に調べた。

**0038** a [in / sotto] forma di + 名詞

～の形をした

▶ Questo è un dolce pasquale **a forma di** uovo.

これは、卵の形をした復活祭のお菓子です。

**0039** a furia di + 不定詞

しつこく～することによって、繰り返し～することによって

▶ **A furia di** ripeterla, ho memorizzato la coniugazione.

私は、繰り返し口に出すことによって、活用を覚えた。

**0040** a giornata

1日単位の [で]

▶ Giuseppe ha perso il posto fisso e adesso lavora **a giornata**.

ジュゼッペは定職を失い、今は日雇いで働いている。

**0041** a giudicare da + 名詞

～から判断すると

▶ **A giudicare dal** suo aspetto, sembra che Mauro abbia qualche problema.

その様子から判断して、マウロは何か問題を抱えていそうだ。

**0042** a grandi linee

概略で、おおまかに

▶ Puoi descrivere la vicenda **a grandi linee**?

ことの成り行きをおおまかに説明してもらえる？

**0043** a lato di + 名詞

～のそばに、～のわきに

▶ Si può parcheggiare la macchina **a lato della** piazza?

広場のそばに車を駐車してもいいですか？

### 0044 a lungo
長い間

▶ Il responsabile mi ha fatto aspettare **a lungo**.
責任者は私を長々と待たせた。

### 0045 a lungo andare // alla lunga
やがて、いずれ、結局

▶ **A lungo andare**, ci stancheremo di questo lavoro.
いずれ私たちはこの仕事に飽きるだろう。

### 0046 a maggioranza
多数で、多数をもって

▶ I membri del Parlamento hanno adottato la proposta **a maggioranza**.
国会議員たちは賛成多数でその法案を採択した。

### 0047 a malapena
かろうじて、なんとか

▶ Sono salito **a malapena** sul treno delle cinque e un quarto.
私はかろうじて5時15分の列車に乗り込んだ。

### 0048 a mani vuote
手ぶらで、何も持たずに；何の成果もなく

▶ Non vorrai presentarti alla festa **a mani vuote**?
君、手ぶらでパーティーに出席するってことはしたくないだろう？

### 0049 a mano
手で持てる、携帯用の

▶ I bagagli **a mano** si devono depositare al guardaroba.
手荷物はクロークに預けなければならない。

### 0050 a mano a mano
少しずつ、次第に

▶ **A mano a mano** i pellegrini entrano in chiesa.
巡礼者たちは少しずつ教会に入っていく。

### 0051 a memoria
そらで、暗記して

▶ Hai imparato **a memoria** tutta la poesia?
君は詩を全部暗記した？

### 0052 a meno che non + 接続法
〜でなければ、〜でない限り

▶ Domani esco **a meno che non** piova.
雨が降らなければ、私は明日出かけます。

### 0053 a metà
半分に；中途半端に

▶ Rita, puoi tagliare questa torta **a metà**?
リータ、このケーキを半分に切ってくれる？

### 0054 a metà [mezza] strada
中途で、途中で

▶ Non devi abbandonare il tuo percorso spirituale **a metà strada**.
精神修養は、途中で断念してはいけないよ。

### 0055 a mio avviso
私の意見では

▶ **A mio avviso**, dovresti annullare il contratto.
私の意見だけど、君は契約を解除すべきじゃないかな。

## 0056 a mio parere

私の考えでは

▶ **A mio parere**, ora non dovresti cancellare la prenotazione dell'albergo.

私の考えだが、今、君はホテルの予約をキャンセルすべきではないだろう。

## 0057 a modo di + 名詞 // a mo' di + 名詞

〜流に、〜ふうに

▶ Mio padre cucina gli spaghetti **a modo suo**.

父は自己流でスパゲッティを作る。

## 0058 a momenti

危うく、すんでのところで；すぐに

▶ **A momenti** lasciavo la mia cartella sul treno.

危うく自分のファイルを電車に置き忘れるところだった。

## 0059 a naso

勘で、直感で

▶ "Come lo sai?"
"Non lo so, vado **a naso**."

「どうして知ってるの？」
「知らないよ。勘だよ。」

▶ **A naso** direi che il colpevole sia lui.

僕の勘だけど、彼が犯人じゃないかな。

＊a naso のあとは条件法が多い。

### 0060 **a nome di + 名詞**

〜の代わりに；〜の名義で

▶ Ho assistito alle nozze di un conoscente **a nome di** mio padre.
私は父の代理で知人の結婚式に列席した。

▶ Questo terreno è registrato **a nome di** mia madre.
この土地は母の名義で登記されている。

### 0061 **a norma di + 名詞**

〜に従って、〜に応じて

▶ Questi problemi verranno risolti **a norma di** legge.
これらの問題は、法律に従って決着がつけられるだろう。

### 0062 **a numero chiuso**

定員制の

▶ Ogni facoltà di quest'università è **a numero chiuso**.
この大学のすべての学部は定員制である。

### 0063 **a occhio nudo**

肉眼で、裸眼で

▶ Si vede **a occhio nudo** che questa borsa non è originale.
このカバンが本物でないことは目で見れば分かる。（肉眼で見れば分かる）

### 0064 **a pagamento**

有料の [で]

▶ Scusi, dove si trova il parcheggio coperto **a pagamento**?
すみません、有料の屋内駐車場はどこにありますか？

### 0065 a parte
別に、別個に、個々に

▶ Di questo tema dobbiamo discutere **a parte**.
このテーマについては、我々は別個に議論しなければならない。

▶ Scherzi **a parte**, possiamo fissare il prossimo appuntamento?
冗談はさておき、次の会う約束を決めてもいいかな？

### 0066 a parte ＋ 名詞
〜を除いて

▶ Quanto costano questi mobili **a parte** le spese di spedizione?
これらの家具は、送料を別にしておいくらですか？

### 0067 a partire da ＋ 名詞（時）
〜から、〜以来、〜以降

▶ Questa festa viene celebrata **a partire dall**'inizio del ventesimo secolo.
20世紀の初頭からこの祭りはおこなわれている。

### 0068 a patto che ＋ 接続法
〜するのなら、〜という条件で

▶ Posso andare a Kanazawa con Lei **a patto che** paghi le spese di viaggio.
旅費を払ってくださるのなら私はあなたと金沢に行ってもかまいません。

### 0069 a persona
1人当たり

▶ I partecipanti all'evento di beneficenza hanno donato cinquanta euro **a persona**.
チャリティーイベントの参加者たちは1人当たり50ユーロを寄付した。

## 0070 a pezzi e (a) bocconi

少しずつ、ぽつりぽつり、とぎれとぎれに
＊否定的なニュアンス。

▶ Purtroppo, mia moglie studia la grammatica italiana **a pezzi e bocconi**.

残念なことに、妻はぽつりぽつりしかイタリア語の文法を勉強しない。

## 0071 a piacere

自由に、好きなように

▶ Puoi decidere l'ora della partenza **a** tuo **piacere**.

君の好きなように出発時間を決めてくれていいよ。

## 0072 a piedi

徒歩で、歩いて

▶ Sono andato all'osteria di Pino **a piedi**.

私は徒歩でピーノのオステリアへ行った。

## 0073 (a) poco a poco

少しずつ、だんだん

▶ L'industria nella nostra città si è sviluppata **poco a poco**.

われらが町の産業は少しずつ発展した。

## 0074 a portata di mano

手の届く範囲の、身近にある、意のままになる

▶ Per i profughi la libertà non è **a portata di mano**.

難民にとって自由は身近なものではない。

### 0075　a posto
（問題が）片付いた、大丈夫な

▶ "Dimmi pure se posso aiutarti."
"Grazie, sono **a posto**."
「手伝えることがあればどうぞ言ってね」
「ありがとう。大丈夫だよ」

### 0076　a prima vista
ひと目で、見てすぐに

▶ Giorgia si è innamorata **a prima vista** di quel ragazzo americano.
ジョルジャはひと目でそのアメリカ人の男の子が好きになった。

### 0077　a proposito
ところで、さて、ちなみに

▶ **A proposito**, hai già letto i materiali per la riunione?
ところで、君はもう会議の資料を読んだ？

### 0078　a [in] proposito di ＋ 名詞
〜について、〜に関して

▶ **A proposito della** pesca, preferisci il lago o il mare?
釣りについてだけど、君は湖か海かどっちが好き？

### 0079　a punta
先のとがった

▶ Le scarpe **a punta** mi sembrano molto eleganti.
先のとがった靴は、私にはとてもエレガントに見える。

## 0080 a quanto ～

〜によると

▶ **A quanto** si dice, il prezzo della benzina dovrebbe salire.
うわさによると、ガソリンの値段が上がることになりそうだ。

## 0081 a quattr'occhi

ふたりだけで、差し向かいで

▶ Abbiamo parlato **a quattr'occhi**.
私たちはふたりだけで話した。

## 0082 a quel punto

その時、その時点で；ということなら、そうであれば（強調）

▶ **A quel punto** capii che dovevo cambiare lavoro.
そのとき私は転職しなければならないと気づいた。

▶ Se il corso è troppo difficile, **a quel punto** è meglio rinunciare.
授業が難し過ぎる、ということだったらやめたほうがいいね。

## 0083 a quest'ora

この時間に；こんな時間に

▶ Chi è che fa rumore **a quest'ora**?
こんな時間に物音を立てているのは誰だ？

## 0084 a questo riguardo

この点に関して

▶ **A questo riguardo** vorrei aggiungere qualcosa.
この点に関して、少し付け加えたいのですが。

### 0085 a rate

分割払いで

▶ Vorrei pagare **a rate** questi accessori.
このアクセサリーを分割払いにしたいのですが。

### 0086 a rischio

危険な

▶ Piove forte! Il proseguimento di questo evento è **a rischio**.
ひどい雨！このイベントの続行は危険だ。

### 0087 a rischio di ＋ 名詞 / 不定詞

〜を覚悟で、〜の危険を冒して

▶ Quel funzionario pubblico ha rivelato delle informazioni segrete **a rischio di** essere licenziato.
あの公務員は罷免されるのを覚悟で極秘情報を暴露した。

### 0088 a ritmi ＋ 形容詞

〜的なリズムで、〜的なペースで

▶ Quella pianta si è sviluppata **a ritmi** sorprendenti.
その植物は驚くべきペースで成長した。

### 0089 a rovescio / alla rovescia

裏返しに、反対に、あべこべに、さかさまに

▶ Filippo portava la maglietta **a rovescio**.
フィリッポはTシャツを裏返しに着ていた。

### 0090 a scacchi

チェックの、格子じまの

▶ Maria è uscita di casa con una camicia **a scacchi**.
マリーアはチェックのブラウスを着て外出した。

**0091** **a scapito di** ＋ 名詞

〜を損なって、傷つけて、犠牲にして

▶ Ha ottenuto la posizione di dirigente **a scapito dei** suoi colleghi.

彼は同僚たちを犠牲にして課長の地位を得た。

**0092** **a scelta**

お好みで、好きなように

▶ Oggi potete ordinare un dessert **a scelta** fra quelli nel menu.

本日は、メニューにあるデザートの中からお好みで1品注文していただけます。

**0093** **a seconda di** ＋ 名詞

〜によって、〜に応じて；〜に合うように

▶ I prezzi dei cappotti cambiano **a seconda della** qualità.

品質によってコートの値段は変わる。

▶ Abbiamo cambiato il percorso del viaggio **a seconda dei** tuoi gusti.

私たちは君の好みに合うよう旅程を変更したよ。

**0094** **a sostegno di** ＋ 名詞

〜を支援する［して］、〜を支持する［して］

▶ Questo spettacolo è organizzato da un'associazione **a sostegno del** kyogen.

この公演は、狂言を支援する協会によって催される。

**0095** **a spese di** ＋ 名詞

〜の費用で、〜の支払いで、〜の負担で

▶ Abbiamo mangiato molto **a spese della** nostra azienda.

私たちは会社の経費でたくさん食べた。

**0096** **a stento**

やっとのことで、苦労して、かろうじて

▶ Il maratoneta ha raggiunto **a stento** il traguardo.

そのマラソンランナーはやっとのことでゴールにたどりついた。

**0097** **a sufficienza**

十分に

▶ Avete mangiato **a sufficienza?**

皆さん、十分召し上がりましたか？

**0098** **a suon di ＋ 名詞**

さかんに〜して、何度も〜して

▶ Abbiamo vinto la causa **a suon di** ricorsi.

私たちは何度も繰り返し請願して訴訟に勝った。

**0099** **a tempo perso**

暇な時に

▶ Luca suona la chitarra **a tempo perso**.

ルーカは暇な時にギターを弾く。

**0100** **a tempo pieno**

フルタイムで［の］、時間一杯（の）

▶ Mia moglie vuole lavorare **a tempo pieno**.

妻はフルタイムで働きたい。

**0101** **a testa**

1人当たり、それぞれ

▶ Il padrone ha pagato gli operai trecento euro **a testa**.

雇い主は工員たちにそれぞれ300ユーロを支給した。

### 0102 a titolo di + 名詞

〜として、〜の名目で、〜のために

▶ **A titolo di** monito il preside ha sospeso quello studente.

戒めとして、校長はその生徒を停学にした。

▶ Abbiamo dato una medaglia all'ultimo classificato **a titolo di** incoraggiamento.

私たちは、激励のために最下位者に対しメダルを授与しました。

### 0103 a tracolla

肩から斜めにかけて、肩からつるして

▶ Quel turista girava per la città con una borsa **a tracolla**.

その旅行者はバッグを肩から斜めにかけて町を歩き回っていた。

### 0104 a turno

交替で、順番に

▶ Quest'estate i dipendenti prendono le vacanze **a turno**.

この夏、従業員たちは交替で休暇を取る。

### 0105 a tutti gli effetti

どこから見ても

▶ Bruno è un leader **a tutti gli effetti**.

ブルーノはどこから見てもリーダーだ。

### 0106 a un [ad un] tratto

突然、いきなり、だしぬけに

▶ **Ad un tratto,** dal cespuglio è apparso un cinghiale.

突然、茂みから1匹のイノシシが現れた。

### 0107 (a) uno a uno // uno per uno

1人ずつ、1つずつ、順番に

▶ Salite sul pullman **a uno a uno**!
観光バスには1人ずつ乗ってください！

### 0108 a vicenda

お互いに；交替で

▶ Se ci aiutiamo **a vicenda**, potremo cavarcela.
私たちもお互いに助け合えば、何とかやっていけるだろう。

▶ I soldati fanno la guardia **a vicenda**.
兵士たちは交替で見張りをする。

### 0109 a volontà

好きなだけ、好きなように

▶ Potete mangiare i dolci **a volontà**.
皆さん、好きなだけお菓子を召し上がっていただけます。

### 0110 a volta di + 人

人 としては、人 の方でも

▶ I vertici dell'azienda si chiedono **a loro volta** come superare questa difficoltà.
会社の経営陣は、自分たちとしてもいかにこの苦境を乗り切るか自問している。

### 0111 a volte

時々

▶ **A volte** sento la nostalgia del mio paese.
私は時々、故郷を懐かしく思う。

## 0112 abbandonarsi a ＋ 名詞
～に身をまかせる
▶ Vorrei **abbandonarmi alla** corrente del tempo.
私は時の流れに身をまかせてみたい。

## 0113 abile a [in] ＋ 名詞 / 不定詞
～の能力のある、～に熟練した；～に適した
▶ Lucia è **abile a** suonare il violino.
ルチーアはバイオリンを弾く能力がある。
▶ Cesare è **abile nel** servizio ai clienti.
チェーザレは接客に熟練している。

## 0114 abituarsi a ＋ 名詞 / 不定詞
～に慣れる、適応する
▶ Aldo deve **abituarsi a** mangiare con le bacchette.
アルドは箸で食事することに慣れなければならない。

## 0115 abusare di ＋ 名詞
～を乱用する、悪用する；～につけこむ
▶ Non devi **abusare della** sua gentilezza.
君は彼女の親切心につけこんではいけないよ。

## 0116 accadere che ＋ 接続法
偶然～する；たまたま～ということがある 〈非人称表現〉
▶ Ogni tanto **accade che** nevichi anche all'isola Amami.
ときには奄美大島でも雪が降ることはある。

**0117** **accadere di** + 不定詞

偶然〜する；たまたま〜ということがある 〈非人称表現〉

▶ Mi è **accaduto di** incontrare un vecchio amico.
私は偶然、古くからの友人に出会った。

**0118** **accanto a** + 名詞

〜のそばに、隣に

▶ Siediti **accanto a** me!
私のそばにお座り！

**0119** **acconsentire a** + 名詞

〜に同意する

▶ **Abbiamo acconsentito alla** decisione della commissione.
私たちは委員会の決定に同意した。

**0120** **accorgersi che** + 直説法

〜ということに気づく

▶ In quel momento non **mi ero accorta che** mio marito era già tornato a casa.
その時、私は、夫がもう家に帰っていたことに気づいていなかった。

**0121** **accorgersi di** + 名詞 / 不定詞

〜に気づく

▶ Mio padre **si è accorto di** aver bevuto troppo.
私の父は酒を飲み過ぎたことに気づいた。

## 0122 accusare ＋ 人 ＋ di ＋ 名詞 / 不定詞

人の～を非難する、とがめる、責める；人を～で訴える

▶ Il cliente **ha accusato** la commessa **di** essere maleducata.
顧客はその女店員の失礼なふるまいをとがめた。

▶ Il signor Lippi **ha accusato** quel vagabondo **di** furto.
リッピ氏はその浮浪者を窃盗罪で訴えた。

## 0123 ad alta voce

大声で

▶ In chiesa non si deve parlare **ad alta voce**.
教会では大声でしゃべってはいけない。

## 0124 ad eccezione di ＋ 名詞

～を除いて

▶ Alla conferenza tutti i soci sono presenti, **ad eccezione del** signor Maldini.
会議にはマルディーニ氏を除いてすべての会員が出席している。

## 0125 ad [per] essere sincero

正直なところ、率直に言えば

▶ **Ad essere sincero**, non sopporto il suo atteggiamento arrogante.
正直なところ、私は彼のおうへいな態度が我慢ならない。

## 0126 ad ogni costo

なんとしても、是が非でも

▶ Dobbiamo superare l'obiettivo delle vendite **ad ogni costo**.
是が非でも我々は売り上げ目標を越えなければならない。

## 0127 ad [in] ogni modo

いずれにしても、なんとしても、ともかく

▶ **Ad ogni modo** non cambio idea.

どうあっても私は考えを変えません。

## 0128 ad [a] un certo punto

その時 (突然)、そのような時に (突然)

＊ある程度時間が経過したのち、突然何かが起こり、状況が変化してしまう場合に用いる。

▶ Anna e Marilù parlavano in salotto. **Ad un certo punto** è entrato Emiliano e loro hanno smesso di parlare.

アンナとマリルーは応接間で話していた。その時突然、エミリアーノが入ってきて、彼女たちは話すのをやめた。

## 0129 adattarsi a ＋ 名詞 / 不定詞

〜に適応する、慣れる

▶ Finalmente Eleonora **si è adattata al** nuovo lavoro.

エレオノーラはようやく新しい仕事に慣れた。

## 0130 adatto a [per] ＋ 名詞

〜にふさわしい、向いている、適した

▶ Questo sport è **adatto a** te.

このスポーツは君に向いている。

## 0131 adeguarsi a ＋ 名詞

〜に従う、適応する、順応する

▶ Gli anziani non **si** possono **adeguare al** ritmo della società moderna.

老人たちは現代社会のリズムに適応できない。

## 0132 affermarsi come + 名詞
〜として成功する

▶ Valentina **si è affermata come** traduttrice di letteratura giapponese.
ヴァレンティーナは日本文学の翻訳家として成功した。

## 0133 affetto da + 名詞
(病気) にかかった、(感情) にとりつかれた

▶ In questo reparto molti pazienti sono **affetti da** polmonite.
この病棟では、たくさんの患者が肺炎にかかっている。

## 0134 affidarsi a + 名詞
〜を信頼する、信用する ; 〜に身をゆだねる

▶ **Mi affido alla** guida del mio maestro.
私は師匠の指導に信頼を置いている。

## 0135 affondare le radici in + 名詞
〜に根をはる、〜に起源をもつ

▶ La cultura giapponese **affonda le radici nel** buddismo.
日本の文化は仏教に起源をもつ。

## 0136 aggirarsi su + 数
(数値が) ほぼ〜くらいだ

▶ Il prezzo medio di queste cravatte **si aggira sui** settanta euro.
これらのネクタイの平均価格はおよそ70ユーロくらいだ。

## 0137 ai due lati di + 名詞
〜の両側に

▶ Possiamo trovare tanti negozietti **ai due lati del** vicolo.
小道の両側にたくさんの小さな店がある。

**0138** **ai miei tempi**

私の青春時代に、私の若い頃に

▶ **Ai miei tempi** non c'erano ancora molti computer.
私の青春時代には、まだあまりコンピューターがなかった。

**0139** **aiutare ＋ 人 ＋ a ＋ 不定詞**

人 が〜するのを助ける、手伝う

▶ Cristina **ha aiutato** sua madre **a** preparare la cena.
クリスティーナは母が夕食の準備をするのを手伝った。

**0140** **al cento per cento**

間違いなく、100パーセント

▶ Questo tessuto è un prodotto italiano **al cento per cento**.
この織物は、間違いなくイタリア製品だ。

**0141** **al completo**

満席の、満員の；全員参加の

▶ Stasera quel ristorante giapponese è **al completo**.
今夜、あの日本料理店は満席だ。

**0142** **al contrario**

逆に、反対に；それどころか、むしろ

▶ Ti piace la primavera? **Al contrario**, a me piace l'autunno.
君は春が好き？僕は逆に秋が好きだ。

**0143** **al contrario di ＋ 名詞**

〜とは違って

▶ **Al contrario di** quanto prevedevamo, oggi piove molto.
私たちが予想したところと違って、今日はひどい雨だ。

### 0144 **al dente**

歯ごたえのある、固めにゆでた、しこしこした

▶ Oggi vorrei gli spaghetti **al dente**.
今日は固めにゆでたスパゲッティがいいなあ。

### 0145 **al di là di** + 名詞

〜の向こうに、〜のかなたに、〜を越えて

▶ **Al di là di** quelle montagne c'è un bel lago.
あの山々の向こうには美しい湖がある。

### 0146 **al di sopra di** + 名詞

〜以上の；〜の上に

▶ Quest'automobile sportiva è **al di sopra delle** mie possibilità.
このスポーツカーは僕の資力の及ぶところではない。(資力を上回っている)

▶ Quello scrittore famoso abita **al di sopra del** mio appartamento.
あの有名な作家は、私のマンションの上階に住んでいる。

### 0147 **al di sotto di** + 名詞

〜以下の；〜の下に

▶ La temperatura di questa cantina si deve mantenere **al di sotto dei** 14 gradi.
このワイン貯蔵庫の温度は14度以下に保たれなければならない。

▶ Un grande fiume scorre **al di sotto del** ponte.
大きな川が橋の下を流れている。

### 0148 **al fine di** + 不定詞

〜する目的で

▶ Sono andati in Norvegia **al fine di** fare ricerca sulle aurore.
彼らはオーロラを研究するためにノルウェーに行った。

### 0149 al [il] giorno

1日に、日に

▶ Jack studia l'italiano (per) due ore **al giorno**.
ジャックはイタリア語を1日に2時間勉強する。

### 0150 al largo di + 名詞

～沖に、～の沖合に

▶ È apparsa una nave di profughi **al largo di** Lampedusa.
1隻の難民船がランペドゥーザ沖に現れた。

### 0151 al massimo

せいぜい、たかだか；最大限

▶ Questo stadio contiene **al massimo** ventimila persone.
このスタジアムはせいぜい2万人しか収容できない。

▶ Mio nonno ha alzato il volume della radio **al massimo**.
祖父はラジオのボリュームを最大限上げた。

### 0152 al momento // in questo momento

現時点で

▶ **Al momento** non posso rispondere.
現時点ではお答えできません。

### 0153 al più // tutt'al più

せいぜい、多くとも

▶ Il mio padrone **al più** paga mille euro di stipendio.
私の雇い主はせいぜい1,000ユーロしか給料を払ってくれない。

### 0154 al più presto
早くても；できるだけ早く

▶ **Al più presto**, ti chiamerò verso le dieci.
早くても君に電話するのは10時頃だろう。

▶ Aspettami! Arriverò a casa tua **al più presto**.
待って！できるだけ早く君の家に着くから。

### 0155 al più tardi
遅くとも

▶ **Al più tardi**, il pacco sarà consegnato domani sera.
遅くとも小包は明日の夜に届くでしょう。

### 0156 al posto di + 名詞
〜の代わりに、〜に代わって

▶ Ho riempito un modulo **al posto di** mia madre.
私は母に代わって用紙に記入した。

### 0157 al tempo stesso // nello [allo] stesso tempo
同時に

▶ Mi piacerebbe bere un vino bianco fresco e **al tempo stesso** fruttato.
私は、フレッシュで（あると同時に）フルーティーな白ワインが飲みたいなあ。

### 0158 al termine di + 名詞
〜の終わりに

▶ **Al termine della** lezione il professore ci ha dato i compiti.
授業の終わりに先生は私たちに宿題を出した。

### 0159 al volo
すばやく；飛んでいるところを

▶ Lo studente ha capito **al volo** il significato della poesia.
その学生は、詩の意味をすばやく理解した。

▶ Giorgio ha preso una cicala **al volo** con la rete.
ジョルジョは飛んできたセミを網で捕まえた。

### 0160 alcuni 〜, altri 〜
〜もいれば〜もいる
＊すべての人が女性なら、alcune 〜, altre 〜 となる。

▶ Nella sala d'attesa **alcuni** chiacchieravano, mentre **altri** leggevano.
待合室ではおしゃべりをする人もいれば、一方で読書する人もいた。

### 0161 all'alba
明け方に、夜明けに

▶ L'aereo è partito **all'alba** per il Cairo.
飛行機はカイロに向けて明け方に出発した。

### 0162 all'andata
行きは、行く時は

▶ **All'andata** devo prenotare un posto, perché a quell'ora il treno è sempre pieno.
行きは座席を予約しないといけない。その時間、列車はいつも混むから。

### 0163 all'aperto
野外で、屋外で

▶ Se piove, non possiamo fare la festa **all'aperto**.
雨が降れば、私たちは野外でパーティーができない。

## 0164 all'aria aperta

野外で、屋外で

▶ Mi è piaciuta la cerimonia del tè **all'aria aperta**.

私は野外での茶の湯が気に入った。

## 0165 all'esterno

外に、外側に

▶ Molti tifosi si riuniscono **all'esterno** dello stadio.

スタジアムの外には多くのファンたちが集まっている。

## 0166 all'estero

外国に、外国で

▶ Cristiano va spesso **all'estero** per assistere a dei congressi.

クリスティアーノは学会に出席するためにたびたび外国に行く。

## 0167 all' [d'] improvviso

突然、不意に、いきなり

▶ **All'improvviso** è caduto un fulmine.

突然、雷が落ちた。

## 0168 all'inizio // agli inizi

最初は、初めは

▶ **All'inizio** non mi interessava molto la cultura orientale.

私は最初、東洋文化にあまり興味がなかった。

## 0169 all'inizio di + 名詞

〜の初めに

▶ In Giappone i ciliegi fioriscono **all'inizio di** aprile.

日本では、4月の初めに桜が咲く。

**0170** all'interno

中に、内部に、屋内で

▶ In questo ristorante ci sono 50 posti in giardino e 100 **all'interno**.

このレストランは、庭には50席、屋内には100席あります。

**0171** all'ora

1時間に

▶ Il Frecciarossa va a trecento (chilometri) **all'ora**.

フレッチャロッサは時速300キロで走る。

**0172** all'ultima moda

最新流行の

▶ In una boutique Emma ha provato degli abiti **all'ultima moda**.

エンマはブティックで最新流行のドレスをいくつか試着した。

**0173** all'ultimo momento

時間ぎりぎりに、どたん場で

▶ Sandra è arrivata **all'ultimo momento**.

サンドラは時間ぎりぎりに到着した。

**0174** alla cieca

無分別に、めちゃくちゃに

▶ I cacciatori hanno sparato **alla cieca**.

ハンターたちは、やみくもに銃を撃った。

**0175** alla fine

結局、ついに、最後に

▶ **Alla fine** Alessio ha abbandonato il lavoro.

結局、アレッシオはその仕事を投げ出した。

## 0176 alla fine di + 名詞

〜の終わりに；〜の突き当たりに

▶ Laura ritornerà in Italia **alla fine di** quest'anno.
ラウラは今年の末、イタリアに帰るだろう。

▶ C'è un'uscita di sicurezza **alla fine del** corridoio.
廊下の突き当たりに非常口があります。

## 0177 alla lettera

文字通り、一字一句、額面通り

▶ È meglio non prendere le sue parole **alla lettera**.
彼の言葉を額面通り受け取らないほうがいい。

## 0178 alla maniera di 〜

〜ふうに［の］；〜の習慣に従って

▶ Loro hanno ristrutturato la casa **alla maniera** giapponese.
彼らは家を日本風に改装した。

## 0179 alla meglio // alla bell'e meglio

なんとか、やっとのことで、どうにかこうにか

▶ Dopo la festa abbiamo sistemato **alla meglio** e siamo tornati
a casa.
パーティーの後、私たちはなんとか片付けをして、家に帰った。

## 0180 alla mia destra [sinistra]

私の右側［左側］に、私から見て右手［左手］に

▶ Vieni qui. Siediti **alla mia destra**.
こっちにおいで。私の右側にお座りなさい。

### 0181 **alla ricerca di** + 名詞
～を探して、～を求めて

▶ Abbiamo camminato per il centro **alla ricerca di** una buona trattoria.

私たちはおいしいトラットリーアを探して街中を歩いた。

### 0182 **alla scoperta di** + 名詞
～を発見するために、～を見つけに

▶ Gli avventurieri sono partiti **alla scoperta di** un nuovo mondo.

冒険家たちは、新しい世界を発見するために出発した。

### 0183 **alle spalle di** + 名詞
～の背後で [に]；～に隠れてこっそりと

▶ **Alle spalle della** Fontana di Trevi c'è Palazzo Poli.

トレヴィの泉の背後にポーリ宮がある。

▶ Loro ridevano **alle spalle di** Alfredo.

彼らはアルフレードのことを陰で笑っていた。

### 0184 **allo scopo di** + 不定詞
～する目的で、～するために

▶ Siamo andati a Parma **allo scopo di** comprare del prosciutto crudo.

生ハムを買う目的で私たちはパルマに行った。

### 0185 **allo stesso modo**
同様に

▶ Andare in moto senza casco è pericoloso. **Allo stesso modo,** andare a grande velocità è causa di incidenti.

ヘルメット非着用のバイク走行は危険だ。同様に、高速走行も事故の原因になる。

### 0186 altro che

もちろん；〜どころじゃない

▶ "Non beviamo una birra?"

"**Altro che**!"

「ビール、飲まない？」

「もちろん！」

▶ **Altro che** carina! Era molto bella!

かわいいどころじゃない！とっても美しかったよ！

### 0187 alzare gli occhi

目を上げる、見上げる

▶ Il detective **ha alzato gli occhi** dal giornale.

探偵は新聞から目を上げた。

### 0188 alzare il gomito

飲み過ぎる

▶ Che mal di testa! Ieri **ho alzato il gomito** con i colleghi.

なんて頭が痛いんだ！昨日は同僚たちと飲み過ぎた。

### 0189 alzare le spalle

無関心を装う；肩をすくめる

▶ Alla domanda, Luigia **ha alzato le spalle**.

質問に対して、ルイージャは無関心を装った。

### 0190 ammazzare [ingannare] il tempo

暇をつぶす、時間をまぎらわす

▶ Per **ammazzare il tempo**, abbiamo giocato a scacchi.

暇をつぶすために、私たちはチェスをした。

### 0191 anche se ＋ 接続法 / 直説法

（たとえ）〜であっても；〜ではあるが；とはいえ

▶ **Anche se** la situazione cambiasse, non direi di sì.
たとえ状況が変わっても、私はイエスとは言わないだろう。

▶ **Anche se** Marco non ha tanti soldi, vive bene.
マルコは金をたくさん持ってはいないが、満足に暮らしている。

▶ Federica vive da sola, **anche se** telefona ai suoi ogni domenica.
フェデリーカはひとりで暮らしている。とはいえ、毎週日曜日には両親
に電話する。

### 0192 anche troppo ＋ 形容詞

とても〜だ、〜過ぎる

▶ Umberto è **anche troppo** timido.
ウンベルトは気が弱過ぎる。

### 0193 ancora più [meno]

なお一層、ずっと

▶ Maria è **ancora più** giovane di Elisabetta.
マリーアはエリザベッタよりずっと若い。

▶ Queste scarpe sono **ancora meno** care.
この靴はさらにもっと安い。

### 0194 andare ＋ ジェルンディオ

だんだん〜になる、しだいに〜になる；繰り返し〜する

▶ Le condizioni di quel paziente **andavano** migliorando.
あの患者の病状はだんだん良くなっていった。

## 0195 **andare** + 過去分詞
〜されるべきだ 〈受身の表現〉

▶ La tua traduzione **va** corretta da un madrelingua.
君の翻訳はネイティブスピーカーによって訂正されるべきだ。

## 0196 **andare a** + 不定詞
〜しに行く、〜しようとする

▶ Non **andiamo a** mangiare una pizza?
ピッツァを食べに行きませんか？

## 0197 **andare a capo**
（文書で）改行する

▶ Alla fine di questa frase **andate a capo**.
この文のあと、改行してください。

## 0198 **andare a finire**
〜に行きつく、結局〜になる

▶ Come **è andata a finire** quella polemica?
その論争は結局どうなったの？

## 0199 **andare a letto**
寝る、床につく

▶ Ieri Monica **è andata a letto** tardi.
昨日モーニカは遅く寝た。

## 0200 **andare a male**
（食べ物が）腐る、いたむ

▶ La carne **è andata a male** perché avevo dimenticato di metterla in frigorifero.
肉を冷蔵庫に入れ忘れたので腐ってしまった。

### 0201 andare a ruba

飛ぶように売れる

▶ Questo nuovo tipo di mascara **va a ruba**.
この新しいタイプのマスカラは飛ぶように売れている。

### 0202 andare a scuola

（勉強のために）学校へ行く

▶ Noi **andiamo a scuola** in autobus.
私たちはバスで学校へ行きます。

### 0203 andare a teatro

演劇［芝居］を見に行く

▶ Non ti piace **andare a teatro**?
君は演劇を見に行くの好きじゃない？

### 0204 andare a vuoto

無駄に終わる、成果がない

▶ L'esperimento **è andato a vuoto**.
実験は成果なく終わった。

### 0205 andare al cinema

映画を見に行く

▶ Non voglio **andare al cinema** con Chiara.
キアーラとは映画を見に行きたくない。

### 0206 andare al lavoro

仕事に行く

▶ Mauro deve **andare al lavoro** presto.
マウロは早く仕事に行かなければならない。

**0207** **andare al mare**

海へ行く

▶ Da bambina Maria **andava** spesso **al mare** con i suoi genitori.

マリーアは子供の頃、両親とよく海へ遊びに行ったものだ。

**0208** **andare all'aria**

失敗する、無に帰す、ダメになる

▶ Il loro progetto **è andato all'aria**.

彼らの計画は失敗した。

**0209** **andare avanti**

前に進む；（仕事が）進行する

▶ È inutile esitare. **Andiamo avanti**!

ちゅうちょしても仕方がない。前に進みましょう！

▶ Il loro lavoro **va avanti** regolarmente.

彼らの仕事は順調に進んでいる。

**0210** **andare avanti e indietro**

行ったり来たりする

▶ La funicolare di Bergamo **va avanti e indietro** tra la Città Bassa e la Città Alta.

ベルガモのケーブルカーは下町と山の手を行き来する。

**0211** **andare d'accordo（con＋人）**

（人と）仲が良い、気が合う、うまくいく

▶ Vanessa **va d'accordo con** Elena.

ヴァネッサはエーレナと仲が良い。

**0212** **andare fuori**

外出する、外へ出る

▶ Oggi piove forte. Non **vado fuori** a giocare.

今日は大雨。私は外へ遊びに出ない。

**0213** **andare giù**

降りる；下がる

▶ A me non piacciono le alture. **Andiamo giù**!

私は高い所が苦手。降りましょうよ！

▶ Lo yen **è andato giù**.

円が値下がりした。

**0214** **andare in bestia**

かっとなる、理性を失う

▶ Quando Franco mi ha risposto così male, **sono andato in bestia**.

フランコが私にあんな失礼な返事をした時、私はかっとなった。

**0215** **andare in città**

町へ行く、町に出る

▶ Oggi sono libero. **Andiamo** insieme **in città**?

僕は今日、暇だ。一緒に町に行かない？

**0216** **andare in fumo**

消えてなくなる、失敗に終わる

▶ Il denaro che ho guadagnato in borsa **è andato in fumo** in un mese.

株で儲けた金は1か月で消えてなくなった。

**0217** andare in giro

散策する、歩き回る、ぶらつく

▶ Mi piace **andare in giro** nel centro storico di Roma.
私はローマの歴史的中心街を散策するのが好きだ。

**0218** andare in missione

（使命や任務により）出張する

▶ Le suore **sono andate in missione** in India.
修道女たちは（使命により）インドに出張した。

**0219** andare in montagna

山へ行く

▶ D'estate **vado in montagna** ogni domenica.
僕は夏、毎週日曜日、山へ行く。

**0220** andare in pensione

年金生活に入る、定年退職する

▶ Dopo trentacinque anni di lavoro, Andrea **è andato in pensione**.
35年働いた後、アンドレーアは年金生活に入った。

**0221** andare in trasferta

出張する

▶ Mio padre **va in trasferta** ogni settimana.
私の父は毎週出張している。

**0222** andare in ufficio

会社（オフィス）へ行く、出勤する

▶ Mio marito **va in ufficio** in treno.
私の夫は電車で会社へ行く。

### 0223 andare in vacanza
休暇を取る、休暇に入る

▶ Quest'anno **vado in vacanza** presto.
今年は早く休暇を取ります。

### 0224 andare per la maggiore
流行する、ヒットする、評判になる

▶ Da molto tempo, il tiramisù **va per la maggiore** in Giappone.
長い間、ティラミスは日本でヒットしている。

### 0225 andare su e giù
上下する；行ったり来たりする

▶ Questi due ascensori **vanno** sempre **su e giù**.
この2基のエレベーターはひっきりなしに上がったり降りたりしている。

▶ Molti camion **andavano su e giù** per la strada statale.
多くのトラックが国道を行き来していた。

### 0226 andare su tutte le furie
かっとなる、激怒する

▶ Il suo punto debole è **andare** subito **su tutte le furie**.
彼の弱点はすぐにかっとなることだ。

### 0227 andare via
去る、行ってしまう、消える

▶ L'autobus è già **andato via**.
バスはもう行ってしまった。

### 0228 andata e ritorno

往復

▶ Quanto costano i biglietti di **andata e ritorno** per Palermo?

パレルモまでの往復乗車券はいくらですか？

### 0229 annoiarsi a + 不定詞

〜に退屈する、〜にうんざりする

▶ Ubaldo **si annoia a** studiare il tedesco.

ウバールドはドイツ語の勉強に退屈している。

### 0230 annoiarsi di + 名詞 / 不定詞

〜にくたびれる

▶ Simona **si è annoiata di** parlare con i suoi ospiti.

シモーナは客との応対にくたびれた。

### 0231 appartenere a + 名詞

〜に所属する ; 〜のものである

▶ Loro **appartengono a** un'associazione per lo studio della musica tradizionale giapponese.

彼らは日本の伝統音楽研究会に所属している。

▶ Questo palazzo **appartiene al** comune.

この建物は市の持ち物である。

### 0232 approfittare di + 名詞

〜を利用する、活用する

▶ Potremmo **approfittare di** quest'occasione.

私たちはこのチャンスを利用できるかもしれない。

**0233** **aprire al pubblico**

一般に公開する

▶ La mostra **sarà aperta al pubblico** anche a Fukuoka.

その展覧会は福岡でも一般公開される予定である。

**0234** **aprire le porte a** + 人

人 を歓待する、人 を受け入れる

▶ Parigi **apre** sempre **le porte ai** turisti stranieri.

パリはいつも外国人旅行者を歓待する。

**0235** **arrivare a** + 不定詞

～できる、なんとか～する、～するに至る

▶ Con il bastone, mio nonno **arriva** appena **a** camminare.

杖をつけば、私の祖父はかろうじて歩くことができる。

**0236** **arrivare al punto di** + 不定詞

挙句の果て～することになる、～するほどまでになる

▶ Se continuerai una vita così irregolare, **arriverai al punto di** rovinarti la salute.

君がそんな乱れた生活を続けるのなら、しまいには体を壊すことになるだろう。

**0237** **assieme a** + 名詞

～と一緒に

▶ Ho bevuto un aperitivo **assieme ai** miei amici.

私は友人たちと一緒に食前酒を飲んだ。

### 0238　assistere a + 名詞
〜に出席する、列席する；〜に立ち会う、居合わせる；〜を見る

▶ Ieri **abbiamo assistito alla** lezione di un famoso professore.
昨日、私たちは有名な教授の授業に出席した。

▶ La bambina **ha assistito a** un litigio fra i suoi genitori.
小さな娘が両親のけんかを見てしまった。

▶ Oggi **assistiamo a** uno spettacolo di teatro.
今日私たちは芝居の公演を見に行きます。

### 0239　assomigliare a + 名詞
〜に似ている

▶ Francesca **assomiglia a** sua madre.
フランチェスカは彼女のお母さんに似ている。

### 0240　astenersi da + 名詞 / 不定詞（dal で）
〜を控える、やめる

▶ Vi preghiamo di **astenervi dal** fumare.
皆さま、タバコを控えていただくようお願い致します。

### 0241　attorno a + 名詞
〜の周りに、〜を囲んで

▶ Ci sono molte persone **attorno alla** fontana.
噴水の周りにたくさんの人がいる。

### 0242　attraverso + 名詞（期間）
〜にわたり

▶ La famiglia Tokugawa dominò il Giappone **attraverso** i secoli.
徳川家は数世紀にわたって日本を支配した。

### 0243 attribuire ＋ 名詞 ＋ a ＋ 名詞

① 人 に … を付与する、割り当てる

② （原因・理由・責任を）〜のせいにする、〜に帰する、〜に負わせる

③ （作品を） 人 の作と考える、（業績を） 人 によるものとみなす

▶ Il padrone **ha attribuito** una ricompensa **all'**impiegato. ＞①
店主はその従業員に報酬を与えた。

▶ Quest'incidente **è stato attribuito alla** guida spericolata del conducente. ＞②
その事故はドライバーの無謀な運転に起因した。

▶ Questo quadro **è attribuito a** Botticelli. ＞③
この絵はボッティチェッリの作だと考えられている。

### 0244 aumentare di ＋ 数

増加する

▶ Lo stipendio di Matteo **è aumentato di** 200 euro.
マッテーオの給料は200ユーロ増えた。

### 0245 aver buon tempo

暇がある、怠けている、遊んでいる
＊良い意味ではない。

▶ Marco **ha buon tempo**: passa le sue giornate al parco.
マルコはぐうたらだ。毎日公園で時間をつぶしている。

### 0246 aver ragione

正しい、もっともだ

▶ **Hai ragione**. Al posto tuo, farei anch'io così.
君は正しいよ。僕が君の立場なら、僕だってそうするだろうね。

### 0247 avere a che fare con ＋ 名詞

～と関係がある、～と関わりをもつ

▶ Non **abbiamo** niente **a che fare con** quella faccenda.

私たちはあの事件となんの関わり合いもない。

### 0248 avere ＋ 名詞 ＋ a (propria) disposizione

～を自由に使える

▶ **Avete** queste camere **a vostra disposizione**.

あなた方はこれらの部屋を自由に使うことができます。

### 0249 avere appetito

食欲がある

▶ Non **hai appetito**?

君は食欲がないの？

### 0250 avere bisogno di ＋ 名詞 / 不定詞

～が必要である、～する必要がある

▶ **Ho bisogno di** te.

私には君が必要だ。

▶ **Ho bisogno di** prenotare un tavolo al ristorante per la cena di domani.

明日の夕食のために、私はレストランを予約する必要がある。

### 0251 avere buon naso

勘が鋭い；鼻が利く

▶ Mia madre **ha buon naso**.

私の母は勘が鋭い。

**0252** **avere caldo**

（身体が）暑い、暑く感じる

▶ Non **hai caldo**?

君、暑くない？

**0253** **avere coscienza di** + 名詞

〜に気づく、〜を知っている

▶ Voi siete ancora immaturi. Dovete **avere coscienza di** ciò.

君たちはまだまだ未熟なんだ。そのことに気づかなければならない。

**0254** **avere da fare**

忙しい、すべきことがある

▶ **Ho** molto **da fare**.

私はとても忙しい。

▶ **Hai** ancora tante cose **da fare**.

君にはまだやらなければならないことがたくさんある。

**0255** **avere difficoltà a** + 不定詞

〜するのは難しい、〜するのに困っている

▶ Luigi **ha difficoltà ad** assistere sua madre.

ルイージは母を介護するのに難儀している。

**0256** **avere diritto di** + 不定詞

〜する権利を持っている

▶ **Avete diritto di** criticare questa proposta.

皆さんにはこの提案を批判する権利があります。

**0257** **avere fame**

空腹である

▶ **Avete fame**? Mangiamo qualcosa.

皆さん、お腹空いてますか？何か食べましょう。

**0258** **avere fortuna**

ついている、運が向いている

▶ Quest'anno **ho** molta **fortuna** in tutto.

今年はすべてにおいて、とてもついている。

**0259** **avere fortuna con ＋ 名詞**

～に恵まれる

▶ Durante le vacanze **abbiamo avuto fortuna con** il tempo.

バカンスの間、私たちは天候に恵まれた。

**0260** **avere freddo**

（身体が）寒い、寒く感じる

▶ Anche se nevica, io non **ho freddo**.

雪が降っても、私は寒くない。

**0261** **avere fretta**

急いでいる

▶ Scusi ma non possiamo parlare ora. **Abbiamo fretta**.

ごめんなさい、今お話しできません。私たちは急いでいます。

**0262** **avere fretta di ＋ 不定詞**

急いで～する、早く～したい

▶ **Ho fretta di** finire il lavoro.

私は急いで仕事を終わらせたい。

**0263** **avere il pelo sullo stomaco**

冷酷である、非情である、良心のとがめを感じない

▶ Qualche volta per recuperare i crediti bisogna **avere il pelo sullo stomaco**.

貸し金の回収は、ときに非情であることが必要となる。

**0264** **avere + 名詞 + in comune**

〜をともに持っている、〜を共有する

▶ Yokohama e Kobe **hanno** molte cose **in comune**.

横浜と神戸には共通点がたくさんある。

▶ Dario e Silvia **hanno** un appartamento **in comune**.

ダーリオとシルヴィアはマンションを共有している。

**0265** **avere in premio + 名詞**

賞として〜を受ける

▶ Carla **ha avuto in premio** un viaggio dall'amabasciata giapponese.

カルラは日本大使館から賞として旅行券をもらった。

**0266** **avere in programma di + 不定詞**

〜することを計画している

▶ Se **avete in programma di** visitare Nikko, la stagione più bella è l'autunno.

君たちが日光訪問を計画しているのなら、もっとも美しい季節は秋です。

**0267** **avere intenzione di + 不定詞**

〜するつもりである

▶ **Ho intenzione di** accettare l'offerta dal Singor Pisani.

私はピザーニ氏からの申し出を受けるつもりだ。

**0268** **avere l'abitudine di** + 不定詞

〜するのが習慣だ、〜する習慣がある

▶ Luciano **ha l'abitudine di** bere un espresso al bar.

ルチャーノはバールでエスプレッソを飲むのが習慣だ。

**0269** **avere l'acqua alla gola**

危機に瀕している、せっぱ詰っている

▶ Maurizio **ha l'acqua alla gola** per i debiti.

マウリーツィオは借金で窮地に陥っている。

**0270** **avere l'aria di** + 名詞 / 不定詞

〜みたいだ、〜のように見える

▶ Quella ragazza **ha l'aria di** essere una fotomodella.

あの女の子はモデルのように見える。

**0271** **avere la febbre**

熱がある

▶ Maria **ha la febbre** alta.

マリーアは高い熱がある。

**0272** **avere la fortuna di** + 不定詞

運良く〜する

▶ Pietro **ha avuto la fortuna di** prendere una borsa di studio.

ピエートロは運良く奨学金を得た。

**0273** **avere la testa fra le nuvole**

ぼんやりしている、うわの空である

▶ Durante la lezione Flavio **ha** sempre **la testa fra le nuvole**.

授業中、フラーヴィオはいつもぼんやりしている。

**0274** **avere le ali ai piedi**
速く走る、足が速い
▶ Domenico **ha le ali ai piedi**.
ドメーニコは足が速い。

**0275** **avere le mani bucate**
浪費癖がある、金遣いが荒い
▶ I Baronio **hanno le mani bucate**.
バローニオ夫妻は浪費家だ。

**0276** **avere le mani in pasta in** ＋ 名詞
〜に影響力をもつ、〜を手がけている、〜を左右する
＊あまり良くない意味で用いる。
▶ L'ingegner Rossi **ha le mani in pasta in** quello strano affare.
ロッシ技師はその不可解なビジネスに影響力をもっている。

**0277** **avere luogo**
開催される、おこなわれる；（事件などが）起きる
▶ Nel 2015 l'esposizione internazionale **ha avuto luogo** a Milano.
2015年にミラノで万国博覧会が開催された。

**0278** **avere mal di** ＋ 名詞（身体）
（身体の部分）が痛い
▶ Alfonso **ha mal di** gola.
アルフォンソはのどが痛い。

**0279** **avere molto a cuore** ＋ 名詞
〜をとても気にする
▶ **Abbiamo molto a cuore** la tua salute.
私たちは君の健康をとても気にしている。

## 0280 avere occasione di + 不定詞

~する機会がある

▶ Se **hai occasione di** andare a Genova, visita l'acquario.

君がジェノヴァに行く機会があれば、水族館に行きなさい。

## 0281 avere paura che + 接続法

~ではないかと心配する、~ではないかと思う

▶ Giulia **ha paura che** i prezzi salgano.

ジューリアは物価が上がるのではないかと心配している。

## 0282 avere paura di + 名詞 / 不定詞

~が怖い、~を恐れる；~するのを恐れる

▶ Mia figlia **ha paura dei** ragni.

私の娘はクモが怖い。

▶ Lui **ha paura di** perdere la fiducia degli amici.

彼は友人の信頼を失うことを恐れている。

## 0283 avere pazienza

我慢する、辛抱する

▶ **Abbiamo pazienza**! Questo momento difficile presto finirà.

我慢しようじゃないか！ この苦境ももうすぐ過ぎ去るだろう。

## 0284 avere sete

のどが渇いている

▶ **Ho** molta **sete**, perché non bevo acqua da stamattina.

僕はとてものどが渇いている。今朝から水を飲んでいないから。

**0285** **avere sonno**

眠い

▶ **Ho** molto **sonno** perché non ho dormito bene stanotte.
昨夜よく寝られなかったから私はとても眠たい。

**0286** **avere [ottenere] successo**

成功する、ヒットする

▶ Quel programma di varietà non **ha avuto successo**.
そのバラエティ番組はヒットしなかった。

**0287** **avere tempo**

時間がある、暇がある

▶ Papà, se **hai tempo**, non mi aiuti con i compiti?
パパ、時間あれば、僕の宿題を手伝ってくれない？

**0288** **avere torto**

間違っている

▶ **Hai torto** tu.
君が間違っている。

**0289** **avere un asso nella manica**

切り札がある、奥の手がある

▶ **Abbiamo un asso nella manica** per vincere la partita.
試合に勝つための切り札が我々にはある。

**0290** **avere un debole per + 名詞**

〜が大好きだ、〜に目がない、〜に弱い

▶ **Hai un debole per** formaggi?
君はチーズが大好きですか？

**0291** **avere una conoscenza di** + 名詞

〜を知る

▶ È molto importante **avere una conoscenza dei** fatti.

事実を知ることはとても大切だ。

**0292** **avere una gomma a terra**

タイヤがパンクしている

▶ Guarda! la tua bicicletta **ha una gomma a terra**.

あれ！君の自転車、タイヤがパンクしてるよ。

**0293** **avere voglia di** + 不定詞

〜したい

▶ **Ho voglia di** vedere uno spettacolo di teatro contemporaneo.

私は現代劇が見たい。

**0294** **averne fin sopra i capelli di** + 名詞

〜にうんざりしている

▶ **Ne ho fin sopra i capelli di** questa storia!

こんな話はもううんざりだ！

**0295** **avvertire** + 人 + **di** + 名詞

人 に〜を知らせる、通知する

▶ Devo **avvertire** Caterina **del** mio arrivo.

私は到着をカテリーナに知らせなければならない。

**0296** **avvicinarsi a** + 名詞

〜に近づく、もうすぐ〜だ

▶ È pericoloso! Non ci **si** deve **avvicinare a** quello stagno.

危険です！あの池に近づいてはいけません。

▶ **Ci avviciniamo al** Natale.

もうすぐクリスマスだ。

### 0297 badare a ＋ 名詞
〜に注意を払う、〜に注目する

▶ Gli investitori **badano** sempre **all**'andamento del corso della borsa e dei cambi.

投資家たちは、常に株価と為替の動きに注意を払っている。

### 0298 basta che ＋ 接続法
〜という条件ならば、〜しさえすれば

▶ Potrai dormire bene, **basta che** tu prenda questo sonnifero.

この睡眠薬を飲みさえすれば、君はよく眠れるだろう。

### 0299 bastare ＋ 不定詞
〜するだけで良い、十分だ　〈非人称表現〉

▶ Per scattare una foto **basta** premere questo pulsante.

写真を撮るにはこのボタンを押すだけでいい。

### 0300 bastare che ＋ 接続法
〜するだけで良い、十分だ　〈非人称表現〉

▶ **Basta che** ci mostri il Suo passaporto.

あなたのパスポートを私どもにお見せいただくだけで十分です。

### 0301 bere come una spugna
底なしに飲む、大酒を飲む

▶ Il suo unico difetto è **bere come una spugna**.

彼の唯一の欠点は、底なしに酒を飲むことだ。

### 0302 bussare a ＋ 名詞
〜をノックする、たたく

▶ **Ho bussato alla** porta.

私はドアをノックした。

## 0303 buttare via

捨てる、放り出す；無駄にする

▶ **Butto via** queste cose come immondizia.

これらのものはごみとして捨てます。

▶ Non **buttare via** la tua vita!

君の人生を無駄にしてはいけないよ！

## 0304 c'è da ＋ 不定詞

〜しなければならない

▶ Forza, **c'è da** pulire la cucina.

頑張って。台所を掃除しなきゃならないよ。

## 0305 cambiare aria

環境を変える、転地する

▶ A Simone non piace questa città. Vuole **cambiare aria**.

シモーネはこの町が好きではない。環境を変えたいと思っている。

## 0306 cambiare casa

引っ越しする、住居を変える

▶ Questo è un buon momento per **cambiare casa**.

今が引っ越しするいいタイミングだ。

## 0307 cambiare A con B

A を B に取り換える

▶ Posso **cambiare** queste lampadine **con** dei LED?

これらの電球を LED に取り換えてもいいですか？

＊LED は男性名詞。

### 0308 cambiare A in B

A を B に両替する

▶ All'aeroporto devo **cambiare** degli yen **in** euro.
私は空港で円をユーロに両替しなければならない。

### 0309 capace di ＋ 不定詞

～する能力がある、～できる ; ～しかねない

▶ Mario è **capace di** risolvere questi problemi.
マーリオはこれらの問題を解決する能力がある。

### 0310 capire male ＋ 名詞

～を誤解する

▶ Romano **ha capito male** quello che hai detto.
ロマーノは君が言ったことを誤解した。

### 0311 capitare che ＋ 接続法

～することがある 〈非人称表現〉

▶ Qualche volta **capita che** io vada al cinema dopo cena.
私は夕食後に映画を見に行くことが時々ある。

### 0312 capitare di ＋ 不定詞

～することがある、たまたま～する 〈非人称表現〉

▶ Mi **è capitato di** incontrare un mio amico alla stazione.
私はたまたま駅で友人に出会った。

### 0313 carico di ＋ 名詞

～を積んだ、背負った

▶ È passato un treno merci **carico di** container.
コンテナを積んだ貨物列車が通過した。

## 0314 caso mai // casomai

もしもの時には、なんなら；ことによると

▶ **Caso mai**, ti chiederò aiuto.

もしもの時には君に援助を求めるよ。

## 0315 caso mai [casomai] + 接続法

万一〜の場合には、〜の場合には

▶ **Caso mai** tu perdessi la carta d'identità, telefona subito in ufficio.

万一、君が身分証明書を落としたら、すぐに事務所に電話しなさい。

## 0316 centinaia di + 名詞

何百の〜、たくさんの〜

▶ Nel teatro c'erano **centinaia di** spettatori.

劇場内には何百人もの観客がいた。

## 0317 centinaia di migliaia di + 名詞

何十万の〜、多数の〜

▶ Improvvisamente **centinaia di migliaia di** cavallette hanno volato sul campo.

突然、何十万匹ものバッタが野原を飛んだ。

## 0318 cercare di + 不定詞

〜しようとする、〜するよう努力する

▶ Ursula **ha cercato di** parlare in giapponese.

ウルスラは日本語で話すようにした。

## 0319 che diavolo

いったい何を

▶ **Che diavolo** stai cucinando?
いったい何を料理してるんだい？

## 0320 che ne dici? // che ne pensi?

それについてどう思う？

▶ Vorrei comprare una macchina sportiva. **Che ne dici**?
スポーツカーを買いたいんだけど、（それについて）君どう思う？

## 0321 che ne diresti [direbbe] di + 名詞 / 不定詞 ?

～についてどう思う [思われますか]？

▶ **Che ne diresti di** andare a Malta?
マルタ島に行くのってどう思う？

## 0322 che tipo di + 名詞

どんな～、どんなタイプの～

▶ **Che tipo di** ristorante è le Calandre?
レ・カランドレってどんなレストランですか？

## 0323 chi sa che non + 接続法

おそらく～だろう

▶ **Chi sa che non** andiamo anche noi.
おそらく私たちも行くでしょう。

## 0324 chiamare + 人 + al telefono

人 を電話口に呼び出す

▶ Mi puoi **chiamare** tua sorella **al telefono**?
（私のために）君の妹さんに電話を代わってもらえる？

**0325** **chiedere a + 人 + di + 不定詞**

人に〜するよう頼む

▶ **Ho chiesto a** Federico **di** accompagnarmi all'ufficio postale.

私はフェデリーコに郵便局まで送ってくれるよう頼んだ。

**0326** **chiedere scusa a + 人**

人に詫びる、人に許しを請う

▶ Lo studente **ha chiesto scusa al** professore.

その生徒は先生に謝った。

**0327** **chiedere un passaggio a + 人**

人に車に乗せてほしいと頼む

▶ Posso **chiederti un passaggio** fino alla stazione?

君、駅まで僕を乗せて行ってもらえるかな？

**0328** **chiudere a chiave + 名詞**

〜に鍵をかける

▶ Rodrigo, quando esci, **chiudi a chiave** la porta!

ロドリーゴ、外出する時はドアに鍵をかけてね！

**0329** **ciò che 〜 // quello che 〜**

〜であるところのこと［もの］

▶ Non capisco **ciò che** dici.

私は君の言っていることが分からない。

**0330** **col [con il] passare del tempo**
**// con il tempo // col tempo**

時が経つにつれて、時の経過とともに

▶ **Con il passare del tempo**, il ricordo delle persone sbiadisce.

時が経つにつれ、人々の記憶は色あせていく。

## 0331 collegare A a [con] B

AをBにつなぐ、AをBに接続する

▶ Nel 1964 fu inaugurato lo shinkansen che **collega** Tokyo **ad** Osaka.

1964年、東京と大阪を結ぶ新幹線が開通した。

## 0332 come al [il] solito

いつものように、いつもの通り

▶ Ci vediamo in quel bar, **come al solito**.

いつものようにあのバールで待ち合わせましょう。

## 0333 come fare a + 不定詞 ?

どうしたら〜できるの？、どうして〜できるの？

▶ Non conosco bene Paolo. **Come faccio a** sapere il suo numero di cellulare?

私はパオロをよく知らない。どうして彼の携帯番号を知ることができるの？

## 0334 come fare a sapere che + 直説法 ?

なぜ〜だと分かるのか？

▶ **Come fai a sapere che** sono amante della musica classica?

どうして僕がクラッシック音楽の熱狂的ファンだって分かるの？

＊tifoso（ファン）はスポーツの場合に用いる。

## 0335 come mai

いったいどうして？

▶ **Come mai** non sei venuta al concerto?

いったいどうして君はコンサートに来なかったの？

### 0336 come prima

前と同じように

▶ Spero che tu ritorni ottimista **come prima**.
以前のように君が楽天家に戻ってくれることを願っています。

### 0337 come se + 接続法

まるで～であるかのように

▶ Giulio parla **come se** sapesse tutto.
ジューリオはまるですべてを知っているかのように話す。

### 0338 come sempre

相変らず、いつものように

▶ Giovanni è allegro **come sempre**.
ジョヴァンニは相変らず陽気だ。

### 0339 cominciare a + 不定詞

～し始める

▶ Angelo **ha cominciato a** lavorare in Svizzera.
アンジェロはスイスで働き始めた。

### 0340 con calma

落ち着いて、冷静に、ゆっくり

▶ Prego, decida pure **con calma**!
どうぞごゆっくりご決断ください。

### 0341 con certezza

間違いなく、確信をもって

▶ Possiamo dire **con certezza** che la fiera si terrà anche l'anno prossimo.
来年も間違いなく見本市が開催されます。(開催されると申し上げられます)

## 0342 con cura
注意深く、念入りに
▶ Questi bicchieri si devono lucidare **con cura**.
これらのグラスは注意深く磨かなければならない。

## 0343 con + 時間 + di ritardo
(時間) 遅れで
▶ Il nostro aereo è arrivato a Malpensa **con** un'ora **di ritardo**.
私たちの飛行機は1時間遅れでマルペンサに到着した。

## 0344 con difficoltà
かろうじて
▶ Con questo lavoro Riccardo si mantiene **con difficoltà**.
リッカルドはこの仕事でかろうじて生計を立てている。

## 0345 con eleganza
上品に、エレガントに
▶ Gina usa la forchetta e il coltello **con eleganza**.
ジーナは上品にフォークとナイフを使う。

## 0346 con facilità
たやすく、わけなく、すぐに
▶ Diego ha risolto quel quiz **con facilità**.
ディエーゴはそのクイズをすぐに解いた。

## 0347 con fiducia
自信を持って；信頼して
▶ Posso dire **con fiducia** che le vendite stanno salendo.
売上が伸びていると自信を持って申し上げられます。

## 0348 con piacere
喜んで

▶ Ti accompagno **con piacere** a casa tua.
喜んで君を自宅まで送りますよ。

## 0349 con precisione
きちょうめんに、正確に

▶ Antonio scrive a mano **con precisione**.
アントーニオはきちょうめんに手書きする。

## 0350 con sicurezza
自信をもって、確信をもって

▶ Aldo, puoi affrontare il tuo futuro **con sicurezza**.
アルド、君は自信をもって将来に立ち向かえるよ。

## 0351 con successo
成功のうちに、首尾よく

▶ L'evento è terminato **con successo**.
イベントは成功のうちに終わった。

## 0352 con tanto di + 名詞
何と～とともに、まさに～でもって 〈強調〉

▶ Carlo mi ha mostrato il menu di quel ristorante, **con tanto di** immagini dei piatti.
カルロは、何と料理の画像まで添えてそのレストランのメニューを僕に見せてくれた。

**0353** **con tutta l'anima**

心の底から、一生懸命、激しく

▶ Maria ama Firenze **con tutta l'anima**.

マリーアは心の底からフィレンツェを愛している。

**0354** **con tutto** ＋ 定冠詞 ＋ 名詞

～にもかかわらず

▶ **Con tutti** i suoi difetti, Romualdo ha tanti amici.

ロムアルドは欠点があるけれど、たくさん友だちがいる。

**0355** **con un'occhiata**

ひと目で

▶ **Con un'occhiata**, ho capito che Gabriella era cambiata.

私は、ガブリエッラが変わったとひと目で分かった。

**0356** **concentrarsi in** ＋ 名詞

～に熱中する、集中する

▶ **Ci siamo concentrati nella** discussione.

私たちは議論に熱中した。

**0357** **confondere A con B**

A を B と取り違える、間違える、混同する

▶ Alessandra **ha confuso** la mia borsetta **con** la sua.

アレッサンドラは私のハンドバッグを自分のと間違えた。

**0358** **conseguente a** ＋ 名詞

～に由来する、～の結果としての

▶ I problemi **conseguenti al** cambiamento del clima sono molto gravi.

気候変動に由来する問題は非常に深刻である。

## 0359 consentire (a ＋ 名詞 ＋) di ＋ 不定詞

( … が)〜することに同意する、〜することを可能にする、認め
る、許す

▶ Il pittore **ha consentito alla** casa editrice **di** usare un'immagine
della sua opera.

画家は、出版社が彼の作品の画像を使用することに同意した。

## 0360 considerare A (come) B

A を B と見なす

▶ I cittadini **considerano** quel personaggio (**come**) un eroe
della città.

市民たちはその人物を町の英雄と見なしている。

## 0361 consigliare a ＋ 人 ＋ di ＋ 不定詞

人 に〜するよう勧める、助言する

▶ Dario **mi ha consigliato di** leggere questo romanzo giallo.

ダーリオはこの推理小説を読むよう私に勧めてくれた。

## 0362 contare su ＋ 名詞

〜をあてにする、頼りにする

▶ Non voglio **contare sull'**aiuto di mio padre.

私は父の援助をあてにしたくない。

## 0363 continuare a ＋ 不定詞

〜し続ける

▶ Quella ragazza **ha continuato a** piangere.

その女の子は泣き続けた。

**0364** **convenire** + 不定詞

〜する必要がある、〜するほうがいい 〈非人称表現〉

▶ Mi **conviene** ritornare subito in ufficio.
私はすぐに事務所に戻る必要がある。

**0365** **convenire che** + 接続法

〜する必要がある、〜するほうがいい 〈非人称表現〉

▶ **Conviene che** io segua i miei bambini nei compiti.
私は自分の子供たちの宿題を見てやらなければならない。

**0366** **convincersi di** + 名詞

〜に納得する、〜を確信する

▶ **Mi sono convinto della** sua bontà.
私は彼の人柄の善さに納得した。

**0367** **corrispondere a** + 名詞

〜に一致する、〜に相当する

▶ La testimonianza dell'indiziato **ha corrisposto alla** verità.
容疑者の証言は真実と一致した。

**0368** **così ~ che ...**

非常に〜なので ...

▶ Il signor Santini è **così** ricco **che** viaggia dappertutto.
サンティーニ氏はとても金持ちなので、至るところを旅している。

**0369** **così che** + 直説法

そういうわけで〜

▶ E **così che** quel palazzo è stato demolito.
まあ、そういうわけで、あの建物は解体されたんだよ。

### 0370 così come ～ anche ...

～のように ... も

▶ **Così come** in Italia abitavo in campagna, **anche** in Giappone ho comprato una casa a Hakone.

私は、イタリアで田舎に住んでいたように、日本でも箱根に家を買った。

### 0371 costare un occhio della testa / costare l'ira di Dio

目が飛び出るくらい高価だ

▶ Il vino rosso che abbiamo bevuto al ristorante francese **è costato un occhio della testa**.

私たちがフランス料理店で飲んだ赤ワインは目が飛び出るほど高かった。

### 0372 costringere ＋ 人 ＋ a ＋ 不定詞

人 に～することを強いる、余儀なくする、人 を無理に～させる

▶ La crisi economica **ha costretto** la gente **a** risparmiare.

経済危機は人々に節約することを余儀なくした。

（経済危機のために人々は節約せざるをえなかった）

### 0373 credere a ＋ 名詞

～を信じる

▶ Pino non **crede a** ciò che non vede.

ピーノは目に見えないものを信じない。

### 0374 credere in ＋ 名詞

～（の存在）を信じる

▶ Loro **credono in** Dio.

彼らは神の存在を信じている。

## 0375 crepi il lupo !

頑張るぞ！

＊《In bocca al lupo!》に対して返す決まり文句。 0777 を参照のこと。

▶ "Domani dai l'esame d'ammissione. **In bocca al lupo !**"
"**Crepi il lupo!**"

「明日はあなた入学試験を受けるのね。しっかり頑張って！」
「頑張るぞ！」

## 0376 d'altra parte

だって

▶ Ho licenziato Marco. **D'altra parte** non avevo altra scelta.

俺はマルコを首にしたよ。だってそれしかしようがなかったんだから。

## 0377 d'ora in poi // da adesso in poi

今後、これから先

▶ **D'ora in poi** non ripeterò questo errore.

今後、私はこの間違いを繰り返すまい。

## 0378 d'origine ＋ 形容詞

〜出身の、〜原産の

▶ Ovviamente questo cane è **d'origine** giapponese.

もちろん、この犬は日本原産です。

## 0379 da allora in poi

それ以来、それ以降

▶ **Da allora in poi** il fantasma non è tornato.

それ以来、幽霊は再び現れなかった。

### 0380 da capo
最初から
▶ Puoi leggere questo articolo **da capo**?
この記事を最初から読んでくれますか？

### 0381 da capo a piedi
上から下まで、頭のてっぺんから足のつま先まで
▶ L'investigatore ha guardato i sospettati **da capo a piedi**.
刑事はその容疑者たちを頭のてっぺんから足のつま先までじろじろ見た。

### 0382 da cima a fondo
隅から隅まで、上から下まで、最初から最後まで
▶ La polizia ha perquisito la casa **da cima a fondo**.
警察がその家を隅から隅まで捜索した。

### 0383 da (diversi) anni
何年も前から
▶ Questo lago è contaminato **da anni**.
この湖は何年も前から汚染されている。

### 0384 da giovane
若い頃
＊giovane は対象となる名詞の数にあわせて語尾変化する。
▶ **Da giovane** Maria frequentava un istituto d'arte.
マリーアは若い頃、美術の専門学校に通っていた。

## 0385 da lontano
遠くから
▶ Spesso, in inverno il Monte Fuji si può vedere anche **da lontano**.
冬、富士山はしばしば遠くからも見える。

## 0386 da morire
ものすごく、たまらなく
▶ Abbiamo camminato per venti chilometri e siamo stanchi **da morire**.
私たちは20キロ歩いて、ものすごく疲れている。

## 0387 da ogni parte
至るところから、四方八方から
▶ Ormai le informazioni si possono raccogliere **da ogni parte**.
今や、情報は至るところから集めることができる。

## 0388 da pari a pari
対等に、同じ人間として
▶ Sandro può parlare con l'allenatore **da pari a pari**.
サンドロはコーチと対等に話すことができる。

## 0389 da parte di + 名詞
～側の、～サイドの；～の側から
▶ I parenti **da parte di** mia madre non abitano qui a Yokohama.
母方の親戚はこの横浜には住んでいません。
▶ Enrico, saluta Giuseppe **da parte mia**.
エンリーコ、ジュゼッペに私からよろしくと伝えてね。

## 0390 **da piccolo**

子供の頃、小さい頃

＊piccolo は、対象となる名詞の性と数にあわせて語尾変化する。

▶ **Da piccolo** Lucio andava al lago con suo padre ogni domenica.

子供の頃、毎週日曜日にルーチョは父と一緒に湖に出かけていた。

## 0391 **da prima // dapprima**

初めは、最初のうちは

▶ **Da prima** non sapevo come comportarmi.

初めのうち、私はどう振る舞ったらいいのか分からなかった。

## 0392 **da qualche parte**

どこかに、どこかで

▶ Anche oggi questo romanzo verrà letto **da qualche parte**.

今日もこの小説はどこかで読まれているだろう。

## 0393 **da quando**

いつから

▶ **Da quando** sei a dieta?

いつからダイエットしてるの？

## 0394 **da quanto tempo**

どれくらい前から、どのくらいの間

▶ **Da quanto tempo** studi l'italiano?

どれくらい前から君はイタリア語を勉強していますか？

（どのくらいの間、君はイタリア語を勉強していますか？）

## 0395 **da sempre**

ずっと前から、最初からずっと

▶ Mio cugino vive **da sempre** a Livorno.

私のいとこは昔からリヴォルノで暮らしています。

**0396** ## da solo

ひとりで、独力で

＊solo は、対象となる名詞の性と数にあわせて語尾変化する。

▶ Sandra, è pericoloso passeggiare la notte **da sola**.

サンドラ、ひとりで夜に散歩するのは危険だよ。

**0397** ## da tempo

しばらく前から、以前から；とっくに

▶ **Da tempo** tutti sentono quel pettegolezzo.

以前からみんなそのうわさ話は聞いている。

**0398** ## da un lato ~, dall'altro ...

一方では～ 他方では ...

▶ **Da un lato** si sviluppa l'industria informatica, **dall'altro** quella tradizionale declina.

一方で情報産業が発展し、他方で伝統産業が衰退する。

**0399** ## da un momento all'altro

じきに；突然、だしぬけに

▶ Tornerà a casa **da un momento all'altro**.

彼はじき家に帰って来るでしょう。

▶ In questo sentiero, **da un momento all'altro** potrebbe saltare fuori un cervo.

この小道では、だしぬけに鹿が飛び出してくるかもしれないよ。

**0400** ## da un pezzo

ずっと前から、とっくに

▶ Non vedo Felice **da un pezzo**.

だいぶ前からフェリーチェには会っていない。

**0401** da una parte ～, dall'altra（parte）...

一方では～ 他方では ...

▶ **Da una parte** lo odiavo, **dall'altra**（**parte**）lo rispettavo.

私は、一方では彼を憎み、他方では彼を尊敬していた。

**0402** da vicino

近くから、間近に

▶ Osserva **da vicino** questa bella farfalla!

近くからこの美しい蝶を観察して！

**0403** dal canto mio [tuo / suo / ... ]

私 [君/彼/ ... ] としては、私 [君/彼/ ... ] の立場としては

▶ **Dal canto mio**, non posso lamentarmi.

僕としては、文句は言えない。

**0404** dal momento che ＋ 直説法

～なので

▶ **Dal momento che** Lucio si è sistemato, suo padre si sente sollevato.

ルーチョが就職したので、彼の父はほっとしている。

**0405** dal punto di vista ～

～の観点から、～の立場から

▶ **Dal punto di vista** tecnologico, questo Paese è assai avanzato.

科学技術的観点からすると、この国はとても進んでいる。

**0406** dal vivo

ライブの、生で

▶ In questo locale si suona musica **dal vivo**.

この店ではライブ音楽が演奏される。

**0407** **dalla A alla Z**

最初から最後まで

▶ Conosco il Codice della Strada **dalla A alla Z**.
私は道路交通法を最初から最後まで知っている。

**0408** **dalla mattina alla sera**

朝から晩まで

▶ Monica lavora per la famiglia **dalla mattina alla sera**.
モーニカは家族のために朝から晩まで働いている。

**0409** **dare appuntamento a** ＋ 人

人 と会う約束をする

▶ Gaetano **ha dato appuntamento a** Natalino.
ガエターノはナタリーノと会う約束をした。

**0410** **dare da bere a** ＋ 名詞

〜に飲み物を与える、〜に水をやる

▶ Recentemente non piove. Dobbiamo **dare da bere alle** piante.
最近雨が降らない。植木に水をやらないといけない。

**0411** **dare da mangiare a** ＋ 名詞

〜に食べ物を与える、〜にエサを与える

▶ Gennaro, puoi **dare da mangiare al** mio cagnolino?
ジェンナーロ、私のワンちゃんにエサをあげてくれる？

**0412** **dare del tu a** ＋ 人

人 に tu で呼びかける

▶ Potrebbe **darmi del tu**?
私に tu を使って話していただけますか？

### 0413 **dare fastidio a ＋ 人**

人 に迷惑をかける、人 に不快感を与える

▶ **Mi dà fastidio** ascoltare questo tipo di musica.

この手の音楽を聴くのは私には不快である。

（この手の音楽を聴くことは私に不快感を与える）

### 0414 **dare fuoco a ＋ 名詞**

〜に放火する、火をつける

▶ I soldati **hanno dato fuoco al** castello.

兵士たちは城に火をつけた。

### 0415 **dare i numeri**

わけの分からないことを言う、おかしなことを言う

▶ Ultimamente mio nonno **dà** un po' **i numeri**.

最近、私の祖父は少しわけの分からないことを言う。

### 0416 **dare il cambio a ＋ 人 // darsi il cambio**

人 と交代する、人 の職務を代行する

▶ Mafalda **ha dato il cambio** in cucina **a** sua mamma.

マファルダはお母さんと料理を交代した。

▶ I giocatori di basket **si sono dati il cambio**.

バスケットボールの選手同士が交代した。

### 0417 **dare il giusto peso a ＋ 名詞**

〜を重視する、重んじる、〜にウエイトを置く

▶ La sua famiglia **dà il giusto peso alle** tradizioni religiose.

彼の家庭は宗教的伝統を重んじている。

### 0418 dare importanza a ＋ 名詞
〜を重視する

▶ Per sviluppare i nostri affari, dobbiamo **dare importanza ai** dati più recenti.

事業を展開していくために、我々は最新のデータを重視しなければならない。

### 0419 dare in affitto ＋ 名詞
〜を賃貸する

▶ Potremmo **dare in affitto** questa casa a dei turisti.

私たちはこの家を旅行者たちに貸してもいいんだけど。

### 0420 dare in deposito ＋ 名詞
〜を預ける

▶ Per affittare un appartamento, si deve **dare in deposito** del denaro.

アパートを借りるにはいくらか金（敷金）を預けなければならない。

### 0421 dare in prestito ＋ 名詞 ＋ a ＋ 名詞
〜に ... を貸す

▶ La banca **ha dato in prestito** molto denaro **a** quell'azienda.

銀行はその会社に多くの金を貸付けた。

### 0422 dare ＋ 名詞 ＋ in regalo
〜を進呈する、プレゼントする

▶ Gli organizzatori **hanno dato** una macchina **in regalo** al vincitore della gara.

主催者は、競技の勝者に車を1台贈呈した。

**0423** **dare inizio a** + 名詞

〜を始める

▶ Da lunedì prossimo il municipio **darà inizio al** nuovo servizio anagrafico.

次の月曜日から役所は新しい戸籍の業務を始める。

**0424** **dare l'esame**

試験を受ける

▶ Non voglio **dare quell'esame** così difficile.

そんな難しい試験を私は受けたくない。

**0425** **dare la mano a** + 人

人 に握手を求める、手を差し出す

▶ Improvvisamente quello straniero **mi ha dato la mano**.

突然、その外国人が私に握手を求めてきた。

**0426** **dare luogo a** + 名詞

〜を引き起こす

▶ La mancanza di generi alimentari **ha dato luogo a** una sommossa.

食料品の不足が暴動を引き起こした。

**0427** **dare origine a** + 名詞

〜の起源となる、〜の原因となる

▶ È sicuro che il latino **dà origine all**'italiano.

ラテン語がイタリア語の起源であることは確かだ。

**0428** **dare retta a** + 名詞

〜に耳を傾ける、〜を聞き入れる

▶ **Dai retta alle** parole degli anziani!

お年寄りの言葉に耳を傾けなさい！

### 0429 **dare su** + 名詞
～に面している

▶ La nostra camera **dà sulla** spiaggia.
私たちの部屋は浜辺に面している。

### 0430 **dare un calcio a** + 名詞
～を蹴る；～を拒否する

▶ Franco **ha dato un calcio al** ladro.
フランコは泥棒を蹴飛ばした。

▶ **Diamo un calcio al** bullismo nelle scuole.
校内暴力をやめましょう。

### 0431 **dare un colpo di telefono a** + 名詞
～に電話をかける

▶ Ieri sera **ho dato un colpo di telefono a** Rossano.
昨夜、私はロッサーノに電話した。

### 0432 **dare** [offrire] **un passaggio a** + 人
人 を車に乗せてあげる、車で送ってあげる

▶ Siccome Barbara ha comprato la macchina, ieri **mi ha dato un passaggio**.
バルバラは車を買ったので、昨日私を乗せてくれた。

### 0433 **dare** [gettare / lanciare] **un'occhiata** [uno sguardo] **a** + 名詞
～にざっと目を通す、～をちらっと見る、～を一瞥する

▶ La mattina mio padre **dà** solo **un'occhiata al** giornale.
朝、私の父は、新聞にざっと目を通すだけだ。（ざっとしか目を通さない）

**0434** **dare una mano a ＋人**

人 に手を貸す、人 を手伝う

▶ Umberto, **mi dai una mano**?
ウンベルト、私に手を貸してくれない？

**0435** **darsi a ＋ 名詞**

〜に没頭する、〜にふける、〜に走る

▶ Per la solitudine, Lauro **si è dato all'**alcol.
寂しさからラウロは酒に溺れた。

**0436** **darsi da fare**

頑張る、一生懸命になる、さっさと仕事をする

▶ **Diamoci da fare**, così possiamo tornare presto.
さあ頑張ろう。そしたら早く帰れる。

**0437** **darsi delle arie**

もったいぶる、もったいぶって話す、気取る

▶ Quando è con i suoi colleghi, Andrea **si dà** sempre **delle arie**.
同僚と一緒にいると、アンドレーアはいつももったいぶって話す。

**0438** **darsi importanza**

もったいをつける、偉そうに見せる

▶ Gabriele parla sempre **dandosi** troppa **importanza**.
ガブリエーレはいつも過度にもったいぶって話す。

**0439** **dato ＋ 名詞**

〜であるために、〜であるから
＊dato は、続く名詞の性と数にあわせて語尾変化する。

▶ **Dato** il maltempo, oggi il traghetto non parte.
悪天候のため、今日、フェリーは出港しない。

### 0440 dato che + 直説法
〜だから、〜なので

▶ **Dato che** ieri sera ho mangiato troppo, oggi non mi sento bene.
昨夜食べ過ぎたので、私は今日、気分が良くない。

### 0441 davanti a + 名詞
〜の前に［で］；〜に向かって

▶ Ci vediamo **davanti alla** libreria.
本屋の前で待ち合わせよう。

▶ L'attrice ha sorriso **davanti allo** specchio.
その女優は鏡に向かって微笑んだ。

### 0442 decidere di + 不定詞
〜することを決心する、〜することを決意する

▶ **Ho deciso di** vendere questo quadro.
私はこの絵を売ることに決めた。

### 0443 decidersi a + 不定詞
〜することを決心する、〜することを決意する

▶ Bruna **si è decisa a** convivere con Lorenzo.
ブルーナはロレンツォと同棲することを決意した。

### 0444 dedicare + 名詞 + a + 名詞
... を〜に捧げる、献じる

▶ Questo monumento **è dedicato alle** vittime della guerra.
この記念碑は戦争の犠牲者のために建立されたものである。

### 0445 dedicarsi a + 名詞
〜に打ち込む、専念する、夢中になる

▶ La mia amica Sabrina **si dedica al** volontariato.
僕の友人のサブリーナはボランティア活動に打ち込んでいる。

## 0446 degno di + 名詞 / 不定詞

～にふさわしい ; ～に値する

▶ Non sono **degna di** te.

私はあなたにふさわしくないわ。

▶ Quel film italiano è **degno di** essere visto.

あのイタリア映画は見るに値する。

## 0447 del genere

そのような、そのような種類の

▶ Giorgia, mi puoi consigliare un maglione o qualcosa **del genere**?

ジョルジャ、僕にセーターか何かそのようなものをアドバイスしてくれる？

## 0448 del resto

だが、とはいえ、しかしながら

▶ Quest'albergo è l'unico ancora libero. **Del resto** è piccolo e vecchio.

このホテルたった1軒、まだ空きがある。だけど小さくて古臭い。

## 0449 del tutto

全面的に、まったく、すっかり（～というわけではない）
＊否定文で。

▶ Non sono **del tutto** favorevole.

私は全面的に賛成しているわけではない。

## 0450  derivare da ＋ 名詞
〜に由来する、〜に起源をもつ、〜に原因がある

▶ Non è sicuro che gli spaghetti italiani **derivino da** quelli antichi cinesi.
イタリアのスパゲッティが古代中国の麺に由来するというのは確かでない。

## 0451  destinato a ＋ 不定詞
〜すると運命づけられている、〜することになる

▶ Marco era **destinato a** diventare pizzaiolo.
マルコはピザ職人になることを運命づけられていた。

## 0452  destinato a ＋ 名詞
〜のための、〜に向けた

▶ Originariamente il teatro kabuki era un divertimento **destinato al** popolo.
もともと歌舞伎は、一般大衆のための娯楽であった。

## 0453  detto tra noi
ここだけの話だが

▶ **Detto tra noi**, non mi piace molto quell'Ottavio.
ここだけの話だけど、俺はあのオッターヴィオが苦手なんだ。

## 0454  di anno in anno
年々

▶ **Di anno in anno** peggiora la situazione economica di quella città.
年々、あの町の経済状態は悪くなっている。

### 0455 di colpo

急に、いきなり、突然

▶ **Di colpo** mi sono sentito meglio.

私は急に元気になった。

### 0456 di [in] conseguenza

その結果、したがって

▶ La ditta di Bruno è fallita. **Di conseguenza,** lui ha perso il lavoro.

ブルーノの会社は倒産した。その結果、彼は失業した。

### 0457 di continuo

絶えず、続けて、ひっきりなしに

▶ Su questa strada le macchine passano **di continuo**.

この道はひっきりなしに車が通る。

### 0458 di corsa

急いで、走って

▶ Antonella è tornata a casa **di corsa**.

アントネッラは急いで家に帰った。

### 0459 di (tutto) cuore

心から、心の底から

▶ Ti ringrazio **di cuore** per l'aiuto.

君の援助に心から感謝します。

### 0460 di fatti

実際、本当のところ、やはり

▶ Quell'uomo aveva un accento strano. **Di fatti** non era italiano.

あの男性にはおかしななまりがあった。実際、彼はイタリア人ではなかった。

### 0461 di fatto

実は、実のところ、実際；事実上

▶ **Di fatto**, il proprietario di questo ristorante era la moglie dello chef.

実は、このレストランのオーナーはシェフの奥さんであった。

### 0462 di fianco (a + 名詞)

(〜の) 隣に [の]、(〜の) そばに [の]；(〜の) 横から [の]

▶ Il posto **di fianco** è occupato.

隣の席はふさがっている。

▶ C'è un ristorante cinese **di fianco al** mio ufficio.

私のオフィスの隣に中華料理屋がある。

▶ Quel pugile attacca sempre **di fianco**.

そのボクサーは常に横から攻める。

### 0463 di fiducia

信頼できる、信用できる

▶ Mi puoi presentare il tuo commercialista **di fiducia**?

君の信頼する会計士を私に紹介していただけますか？

### 0464 di fila

ぶっ続けに、連続して

▶ Mio figlio ha guardato la tv dieci ore **di fila**.

私の息子は10時間ぶっ通しでテレビを見た。

### 0465 di forza

力ずくで、無理やり

▶ Il negoziante ha aperto **di forza** la vecchia saracinesca.

商店主は古びたシャッターを力ずくで開けた。

## 0466 di frequente

しばしば、よく

▶ Kazuo cancella **di frequente** le prenotazioni dei ristoranti.
和夫はしばしばレストランの予約をキャンセルする。

## 0467 di fronte

正面に、向かいに

▶ Noi abitiamo lì **di fronte**.
私たちはその向かいに住んでいます。

## 0468 di fronte a ＋ 名詞

〜の正面に、〜の向かいに；〜に対して、〜を前にして

▶ Ti aspetto in un bar **di fronte al** teatro.
劇場の向かい側のバールで君を待ってます。

▶ **Di fronte alla** crisi economica dobbiamo reagire!
私たちは経済危機に対して行動を起こさないといけない！

## 0469 di generazione in generazione

代々、世代から世代へ

▶ Le tradizioni di Kyoto si trasmettono **di generazione in generazione**.
京都の伝統は代々受け継がれている。

## 0470 di getto

一気に、難なく

▶ Lo scrittore ha scritto **di getto** il suo nuovo saggio.
作家は新しいエッセイを一気に書いた。

**0471** **di giorno**

昼間、日中に

▶ **Di giorno** mia moglie lavora part-time in un supermercato.
昼間、私の妻はスーパーでアルバイトをしています。

**0472** **di giorno in giorno**

日ごとに、毎日

▶ Il tasso di cambio varia **di giorno in giorno**.
為替レートは日ごとに変化する。

**0473** **di gran lunga**

はるかに、だんぜん、ずっと
＊比較級・最上級の強調。

▶ Quella pasticceria è **di gran lunga** migliore.
あのケーキ屋のほうがはるかに美味しい。

**0474** **di là**

向こうに、あちらに；そこから；そこを

▶ Gli armadietti con la chiave sono **di là**.
コインロッカーはあちらです。

▶ Mi devo cambiare. Guarda **di là**!
服を着替えないといけないの。向こうを見てて！（こっちを見ないで！）

**0475** **di lì a poco**

それから少しして

▶ **Di lì a poco** sua nonna morì.
それから少しして彼の祖母は亡くなった。

Traccia-45

## 0476 di lusso
豪華な、贅沢な

▶ Alessandra ha acquistato un mobile **di lusso**.
アレッサンドラは豪華な家具を購入した。

## 0477 di [alla / la] mattina
朝のうちに、午前中に

▶ **Di mattina** faccio il bucato e poi pulisco le stanze.
私は朝、洗濯をして、それから部屋を掃除します。

## 0478 di nascosto（da ＋ 人）
こっそりと、(人 に) 隠れて

▶ Monica ha cominciato un lavoro part-time **di nascosto dai** suoi genitori.
モーニカは両親に隠れてパートの仕事を始めた。

## 0479 di [per] natura
生まれつき、生来

▶ Pasquale è modesto **per natura**.
パスクアーレは生まれつき謙虚だ。

## 0480 di nome（＋ 名詞）
〜という名で [の]；名前だけは；名ばかりの

▶ Il primo castello di Osaka fu costruito da un potente samurai **di nome** Toyotomi Hideyoshi.
最初の大阪城は、豊臣秀吉という名の有力な武士によって建てられた。

▶ Conosco Danilo, ma solo **di nome**.
ダニーロを知っているといっても名前だけです。

▶ Sono un musicista solo **di nome**.
僕は名ばかりの音楽家だ。

**0481 di [la] notte**

夜に

▶ **Di notte** non vado in bagno.

私は夜間、トイレに行かない。

**0482 di nuovo**

改めて、もう一度、再び

▶ Cominciamo **di nuovo** la lezione.

もう一度レッスンを始めましょう。

**0483 di passaggio**

一時的な、短期間の

▶ Questa volta sono **di passaggio** a Roma.

今回、ローマはほんのわずかの滞在です。

**0484 di persona**

本人が直接、個人的に；自腹で

▶ Il padre di Vincenzo conosce **di persona** il Presidente della Repubblica.

ヴィンチェンツォのお父さんは共和国大統領を個人的に知っている。

▶ Il direttore ha pagato **di persona** il conto per tutti.

部長はみんなの会計を自腹で払ってくれた。

**0485 di più**

もっと、更に；余分に

▶ Avrei voluto chiederti **di più**.

もっと君に尋ねたかったのだが。

▶ Vuoi una caramella? La mamma me ne ha date **di più**.

1個キャンディーいらない？ママが余分にくれたんだ。

## 0486 di [nel] pomeriggio
午後に

▶ **Di pomeriggio** vado in biblioteca con Raffaella.
午後は、ラッファエッラと図書館に行きます。

## 0487 di prima scelta
最良の、極上の、選りすぐりの

▶ A Uji possiamo assaggiare del tè verde **di prima scelta**.
宇治では、極上の緑茶を味わうことができる。

## 0488 di primo acchito
最初は；すぐに、直ちに

▶ **Di primo acchito** non mi è interessato questo quadro.
最初、私はこの絵に興味がなかった。

▶ Giuliana mi è piaciuta **di primo acchito**.
私はすぐにジュリアーナが好きになった。

## 0489 di qua e di là
あちこちに

▶ A Ischia ho girato in bicicletta **di qua e di là**.
私はイスキア島をあちこち自転車で回った。

## 0490 di qualità
上等の、上質の

▶ In questo negozio si può comprare della carta giapponese **di qualità**.
この店では、上質の和紙を買うことができる。

### 0491 di rado

まれに

▶ Questo genere di farfalle si trova **di rado**.
この種の蝶は、まれにしか見つからない。

### 0492 di recente

最近、近頃

▶ **Di recente** mi sveglio molto bene.
最近目覚めがとても良い。

### 0493 di regola

原則として、一般に、ふつう

▶ **Di regola** ogni dipendente lavora otto ore al giorno.
原則としてすべての従業員は1日8時間働く。

### 0494 di seguito

連続して、立て続けに

▶ Franco ha mangiato fuori tre giorni **di seguito**.
フランコは3日続けて外で食事をした。

### 0495 di [la / alla] sera

夕方に、晩に、夜に

▶ **Di sera** a Hakodate la riva del mare è tutta illuminata.
夜、函館では海岸線がすべて照らされる。

### 0496 di sicuro

きっと、確かに、疑いなく

▶ **Di sicuro** non pioverà oggi.
きっと今日は雨が降らないだろう。

### 0497 di solito

ふつう、ふだん、通常

▶ **Di solito** bevo una spremuta di pompelmo a colazione.

私はふだん、朝食にフレッシュグレープフルーツジュースを飲みます。

### 0498 di soppiatto

こっそりと、密かに、隠れて

▶ La spia è entrata **di soppiatto** nel laboratorio.

スパイはこっそりと実験室に入った。

### 0499 di sopra

上に [の]、階上に [の]

▶ L'abbigliamento da uomo è in esposizione al piano **di sopra**.

紳士服は上の階に陳列されています。

### 0500 di sorpresa

不意に、だしぬけに

▶ Le vespe ci hanno attaccato **di sorpresa**.

スズメバチが不意に私たちを襲ってきた。

### 0501 di sotto

下に [の]、階下に [の]

▶ Puoi parcheggiare la macchina qui **di sotto**.

（マンションの）すぐ下に車を停めてもらっていいよ。

### 0502 di tanto in tanto

時々

▶ **Di tanto in tanto** faccio un pisolino.

私は時々、昼寝をする。

### 0503 **di valore**

価値の高い、値打ちのある；有能な、優れた

▶ Questi oggetti d'antiquariato sono **di valore**.
これらの骨とう品は価値が高い。

▶ Lui è un architetto **di** grande **valore**.
彼は非常に優れた建築家です。

### 0504 **diciamo che** + 直説法 / 条件法

～なんですよ、～ということかな、～と思うね

▶ **Diciamo che** non sono molto forte a calcio.
僕はサッカーがあまり上手じゃないんだよね。

### 0505 **dicono che** + 接続法 / ときに直説法

～だそうだ、～と言われている　〈非人称表現〉

▶ **Dicono che** i biglietti dello spettacolo siano già esauriti.
その公演のチケットはすでに売り切れたそうだ。

### 0506 **dietro a** + 名詞

～の後ろに

▶ C'è un bel giardino **dietro a** questo palazzo.
この建物の後ろには美しい庭がある。

### 0507 **dietro di** + 人

人 の後ろに

▶ Guarda! C'è Antonella **dietro di** te.
ほら！アントネッラが君の後ろにいるよ。

### 0508 **difficile da** + 不定詞

～するのが難しい、～しにくい

▶ Questo problema è **difficile da** capire.
この問題は理解しにくい。

## 0509 dimenticare di ＋ 不定詞

～するのを忘れる

▶ **Ho dimenticato di** pettinarmi.

私は髪をとくのを忘れた。

## 0510 dimenticarsi di ＋ 名詞 / 不定詞

～のことを忘れる ; ～するのを忘れる

▶ **Mi sono dimenticato dei** compiti.

私は宿題のことを忘れた。(宿題をするのを忘れた)

▶ **Mi sono dimenticato di** sbrigare quella faccenda.

私はその用事を済ますのを忘れた。

## 0511 diminuire di ＋ 数

減少する

▶ In questi cinque anni il tasso di natalià di Tokyo **è diminuito dello** 0,2 %.

この5年で東京の出生率は0.2%減少した。

## 0512 dipendere da ＋ 名詞

～次第である、～による ; ～に依存する

▶ La vittoria della squadra **dipenderà dall'**allenamento.

チームの勝利はトレーニング次第だろう。

## 0513 direi che ＋ 接続法 / 直説法

～と言えよう、～じゃないかな、～と思うね

▶ **Direi che** lui abbia fatto un bel lavoro.

彼はいい仕事をしたんじゃないかな。

### 0514 diretto a ＋ 名詞
〜行きの；〜に宛てた、〜に向けられた

▶ L'aereo **diretto a** Bari partirà alle dieci e venti.
バーリ行きの飛行機は10時20分に出発致します。

### 0515 disporre che ＋ 接続法
〜するよう命じる；〜すると規定する

▶ La polizia **dispone che** le regole stradali siano rispettate.
警察は、交通ルールを守るよう命じている。

### 0516 disporre di ＋ 不定詞
〜するよう命じる；〜すると規定する

▶ La regola del dormitorio **dispone di** spegnere la luce alle undici.
寮の規則は、11時に消灯すると定めている。

### 0517 disporre di ＋ 名詞
〜を備える、〜を有する

▶ I ristoranti dovrebbero **disporre di** un bagno per i disabili.
レストランは身障者用のトイレを備えるべきだろう。

### 0518 distinguere A da B
ＡとＢを見分ける、ＡとＢを区別する

▶ Puoi **distinguere** la bandiera italiana **da** quella ungherese?
君はイタリアの国旗とハンガリーの国旗を見分けられるかい？

### 0519 divertirsi a ＋ 不定詞
〜して楽しむ

▶ **Ci siamo divertiti ad** andare in bicicletta.
私たちはサイクリングをして楽しんだ。

### 0520 **dopo** + 不定詞（複合形）
～した後で

▶ **Dopo** aver mangiato il risotto, ho ordinato una cotoletta alla milanese.

私はリゾットを食べた後、ミラノ風カツレツを注文した。

### 0521 **dopo che** + 直説法
～した後で、～してから

▶ **Dopo che** era finita la cena, abbiamo bevuto un digestivo.

私たちは夕食の後、食後酒を一杯飲んだ。

### 0522 **dopo di che**
その後、その事実の後

▶ **Dopo di che**, l'organizzazione si è sciolta.

その後、組織は解散した。

### 0523 **dopo i pasti [prima dei pasti]**
食後 [食前] に

▶ Devo prendere queste medicine **dopo i pasti**.

私はこの薬を食後に飲まなければならない。

### 0524 **dopo tutto**
結局、要するに

▶ **Dopo tutto**, questo è un problema che devi risolvere tu.

結局、これは君が解決しなくてはならない問題なんだよ。

### 0525 **dotato di** + 名詞
～を備えた

▶ In questa città c'è un monastero trecentesco **dotato di** un chiostro meraviglioso.

この町にはすばらしい回廊を備えた14世紀の修道院がある。

## 0526 dovuto a + 名詞

〜に起因する、〜のせいである

▶ La coda è **dovuta al** guasto del semaforo.
車の渋滞は信号機の故障に起因するものだ。

## 0527 educare A a B

（訓練によって）A を B に慣らす、A に B を仕込む

▶ Non è facile **educare** il palato degli occidentali **ai** piatti giapponesi.
西洋人の味覚を日本の料理に馴染ませるのは容易でない。

## 0528 entrare in azione

行動を開始する

▶ Quando la pattuglia **è entrata in azione**, le tracce del criminale erano già perse.
パトロール隊が行動を開始した時には、犯人の足取りはすでに消えていた。

## 0529 entrare in funzione

動き出す、始動する

▶ **È entrato in funzione** il sistema di sicurezza.
セキュリティーシステムが動き出した。

## 0530 esitare a + 不定詞

〜するのをためらう、〜することを躊躇する

▶ Guido **esita a** posporre il viaggio.
グイードは旅行を延期するかどうかためらっている。

### 0531 essere + 名詞 + a + 不定詞
〜するのは … だ 〈強調構文〉

▶ È un'attrice giapponese **a** recitare la protagonista di quel dramma.
その芝居の主役を演じるのは日本人女優だ。

### 0532 essere a conoscenza di + 名詞
〜を知っている

▶ **Sono a conoscenza del** trasferimento della sede centrale da Roma a Milano.
私は、会社の本部がローマからミラノに移転することを知っている。

### 0533 essere [sentirsi / trovarsi] a disagio
居心地が悪い、不快に思う

▶ **Mi sento a disagio** in una stanza così stretta.
私はこんな狭い部屋では居心地が悪い。

### 0534 essere [mettersi / tenersi] a disposizione di + 人
人 の意のままになる、人 の自由になる

▶ Adesso sono libero. **Sono a Sua disposizione**.
今、私は手が空いています。何なりとお申しつけください。

### 0535 essere [sentirsi / trovarsi] a proprio agio
居心地が良い、くつろぐ、ゆったりする

▶ **Sono a mio agio** in campagna.
私は田舎がくつろぐ。

▶ Mario **si sentiva a suo agio** a casa di sua nonna.
マーリオは祖母の家が居心地良かった。

**0536** **essere al sicuro**

安全な場所にいる

▶ Ok, qui **siamo al sicuro** dai fulmini.

やれやれ、ここは雷から安全な場所だ。

**0537** **essere al verde**

一文無しである、金がない

▶ Beniamino **è** quasi **al verde**, perché spreca sempre il denaro.

ベニアミーノはほとんど金がない。いつも無駄遣いしているから。

**0538** **essere all'altezza di** + 名詞 / 不定詞

～する能力がある、～ができる、～と同レベルだ

▶ Mi dispiace, ma non **sono all'altezza delle** vostre aspettative.

申し訳ありませんが、私は皆さんの期待に応えることができません。

**0539** **essere all'ordine del giorno**

議題（予定）に上がっている；日常茶飯である

▶ La proposta di aumento dei salari **è all'ordine del giorno** della riunione di oggi.

昇給の提案が今日の会議の議題に上がっている。

▶ In questo ristorante aspettare di essere serviti **è all'ordine del giorno**.

このレストランでは、皿出しが遅いのが日常茶飯である。

**0540** **essere all'oscuro di** + 名詞

～について知らない、知らされていない

▶ La segretaria **era all'oscuro dei** fatti.

秘書はその出来事について知らなかった。

## 0541 essere appassionato di + 名詞
~に夢中である、~が大好きだ

▶ Quel critico gastronomico **è appassionato di** funghi porcini.
あのグルメ評論家はポルチーニ茸に夢中だ。

## 0542 essere arrabbiato con + 人
人 に腹を立てている

▶ Andrea **è arrabbiato con** il suo collega.
アンドレーアは同僚に腹を立てている。

## 0543 essere avanti [indietro] di + 時間
(時計が) ~進んでいる [遅れている]

▶ Giovanna, il tuo orologio **è avanti di** cinque minuti.
ジョヴァンナ、君の時計は5分進んでいるよ。

## 0544 essere bravo a + 不定詞
~が得意だ、上手である

▶ Quello chef **è bravo a** cucinare la carne.
あのシェフは肉を料理するのが得意だ。

## 0545 essere bravo in + 名詞
~が得意だ、上手である

▶ Lio **è bravo in** chimica.
リーオは化学が得意だ。

## 0546 essere certo di + 名詞
~を確信している

▶ Noi **siamo certi del** suo talento come artista.
私たちは彼の芸術家としての才能を確信している。

### 0547 essere contento di + 名詞 / 不定詞
〜に満足している；〜して嬉しい

▶ **Sono contento del** mio mestiere.
私は自分の職業に満足している。

▶ Ada **è contenta di** aver comprato un nuovo maglione.
アーダは新しいセーターを買うことができて嬉しい。

### 0548 essere d'accordo (con +人)
(人 と) 同意見である、同じ考えである

▶ **Siamo** sempre **d'accordo**.
私たちはいつも意見が一致している。

### 0549 essere d'aiuto per + 名詞 / 不定詞
〜のために役に立つ、助けになる

▶ Questo nuovo software **sarà d'aiuto per** il tuo lavoro.
この新しいソフトは君の作業に役立つだろう。

### 0550 (essere) da + 不定詞
〜すべきである；〜するほどである

▶ Questa pila **è da** cambiare.
この電池は交換すべきだ。

▶ Abbiamo raccolto tante verdure **da** doverne buttare molte.
私たちは多くを捨てなければならないほどたくさんの野菜を収穫した。

### 0551 essere debole in + 名詞
〜が不得意である、〜が弱い

▶ **Sono debole in** matematica.
私は数学が苦手である。

## 0552 **essere di** + 名詞

① 〜の出身である
② 〜製である、〜でできた
③ 〜のものである、〜の所有物である
④ 〜の状態にある

▶ Massimiliano **è di** Verona. >①
マッシミリアーノはヴェローナ出身です。

▶ Questo giocattolo **è di** latta. >②
このおもちゃはブリキ製です。

▶ Questo terreno **è di** mio zio. >③
この土地は私のおじのものです。

▶ Como **è stata di** importanza strategica. >④
コモは戦略的に重要であった。

## 0553 **essere di buon [cattivo] augurio**

縁起が良い［悪い］

▶ Tutti dicono che **sia di buon augurio** trovare un quadrifoglio in un campo.
原っぱで四つ葉のクローバーを見つけると縁起が良いとみんなは言う。

## 0554 **essere di buon umore**

機嫌がいい

▶ Maria **è di buon umore** perché suo figlio ha superato l'esame d'ammissione.
マリーアはご機嫌だ、というのも彼女の息子が入学試験にパスしたから。

## 0555 essere di cattivo umore
機嫌が悪い

▶ Valentina **è di cattivo umore** perché è stata rimproverata da sua madre.

ヴァレンティーナは、お母さんに叱られたので機嫌が悪い。

## 0556 essere [andare] di moda
流行している、はやっている

▶ Quest'anno **sono di moda** le gonne corte.

今年はミニスカートが流行している。

## 0557 essere di rigore
必須である、厳格に定められている

▶ Se si è invitati a un matrimonio, **è di rigore** fare un regalo.

結婚式に招待されたらプレゼントをするのがきちんとした習わしである。

## 0558 essere difficile che ＋ 接続法
おそらく〜ではないだろう、〜はありそうもない　〈非人称表現〉

▶ **È difficile che** si vendano tutte le nostre merci in una settimana.

おそらく私たちのすべての商品は1週間で売れないだろう。

## 0559 essere disposto a ＋ 名詞 / 不定詞
〜の用意ができている、〜する気持ちである

▶ **Siamo disposti a** tutto.

私たちは何でもする用意ができている。

▶ Stefania **è disposta ad** adottare quel bambino.

ステファーニアはその赤ん坊を養子にする気持ちでいる。

## 0560 essere facile che + 接続法
~かもしれない、~はありうる 〈非人称表現〉

▶ **È facile che** Luisa si perda in questa grande città.
ルイーザはこの大きな町で迷子になるかもしれない。

## 0561 essere felice di + 不定詞
~を嬉しく思う

▶ **Sono felice di** averti conosciuta.
私は君（女性）と知り合えたことを嬉しく思う。

## 0562 essere fiero di + 名詞
~を誇りにする、自慢にする

▶ Federico **è fiero dei** suoi figli.
フェデリーコは自分の息子たちを誇りにしている。

## 0563 essere fuori moda
流行遅れである、はやっていない

▶ Ora le camicette a quadretti **sono fuori moda**?
今、チェックのブラウスははやっていないのですか？

## 0564 essere gentile a + 不定詞
~してくれてありがとう、~してくれて恐縮です

▶ **Sei stato gentile** ad aiutarmi.
私を助けてくれてありがとう。

## 0565 essere gentile [sincero] con + 人
人 に対して親切 [誠実] である

▶ Anita **è** sempre **gentile con** gli anziani.
アニータはいつもお年寄りに親切だ。

**0566** **essere grato a** + 人 + **di** [per] + 名詞 / 不定詞
~について人に感謝している、人にありがたく思う

▶ **Sono** molto **grato al** signor Franchi **del** suo aiuto.
私はフランキさんの援助にとても感謝している。

**0567** **essere in anticipo**
早い

▶ Quest'anno la stagione delle piogge **è in anticipo**.
今年は梅雨が始まるのが早い。

**0568** **essere in arrivo**
もう到着する、まもなく到着する

▶ Il nostro treno **è in arrivo**.
私たちの乗る列車が到着しようとしている。

**0569** **essere in bolletta**
一文無しである

▶ Ieri sera ho speso tutto in alcool e ora **sono in bolletta**.
昨日の晩、僕は飲み代に全部使って、今、一文無しだ。

**0570** **essere in commercio**
市販されている

▶ Quella bevanda non **è in commercio** nella mia città.
その飲み物は私の町で市販されていない。

**0571** **essere in compagnia di** + 人
人と一緒である、人を同伴している

▶ Quella celebrità è sempre **in compagnia delle** guardie del corpo.
あの有名人はいつもボディーガードを同伴している。

## 0572 essere in competizione con + 名詞

〜と競う、張り合う

▶ A Milano L'Inter **è in competizione con** il Milan.

ミラノでは、インテルがミランと競い合っている。

## 0573 essere in continuo + 名詞

〜の一途をたどっている

＊continuo は、続く名詞の性と数にあわせて語尾変化する。

▶ In Giappone il numero dei bambini **è in continua diminuzione**.

日本では子供の数が減少の一途をたどっている。

## 0574 essere in contrasto con + 名詞

〜と対立している、〜と矛盾している

▶ La decisione di Franco di lasciare la scuola **è in contrasto con** il pensiero dei suoi genitori.

学校をやめるというフランコの決断は、彼の両親の思いと対立している。

## 0575 essere in crisi

危機的状況にある、危機に瀕している

▶ **Sono in crisi**, perché ora sono disoccupato.

私は危機に瀕している。今失業中なので。

## 0576 essere in difficoltà

（経済的）窮地に陥っている、困窮している

▶ Mio padre ha perso il lavoro. La mia famiglia **è in difficoltà**.

父が失業した。うちの家族は経済的にとても苦しい。

## 0577 essere in fin di vita

死にそうな、死にかけている

▶ Suo padre **è in fin di vita** in ospedale.

彼のお父さんは病院で亡くなりかけている。

113

## 0578 essere in forma

好調である、体調が良い

▶ Da quando beve meno alcool, mio nonno **è in forma**.
祖父は、酒を控えるようになってから体調が良い。

## 0579 essere in grado di + 不定詞

～することができる；～する能力・資格がある

▶ Non **sono in grado di** accettare la tua richiesta.
私は君の要求に応じることができない。

▶ Non ho studiato abbastanza, quindi non **sarò in grado di** superare l'esame.
僕は十分勉強していないので、試験に合格することができないだろう。

## 0580 essere in linea con + 名詞

～と協調している、～にきちんと従っている、～に合致している

▶ Le lezioni del professor Castagna **sono in linea con** la politica di questa scuola.
カスターニャ先生の授業はこの学校の方針に沿っている。

## 0581 essere in lutto

喪に服している

▶ La famiglia Dini **è** ora **in lutto**.
ディーニ家は、今、喪に服している。

## 0582 essere in mano a + 人

人 の支配下にある

▶ Nel tredicesimo secolo questo terreno **era in mano a** un signore feudale.
13世紀、この土地はある封建領主の支配下にあった。

## 0583 essere in orario

時間通りである

▶ Anche oggi il treno rapido **è in orario**.

今日も特急列車は時間通りだ。

## 0584 essere in partenza

出発するところだ

▶ La funivia **era in partenza**.

ロープウェイは出発するところだった。

## 0585 essere in preda a + 名詞

〜にとりつかれている、襲われる、さいなまれる

▶ Bruno **è in preda alla** gelosia.

ブルーノは嫉妬に狂っている。

## 0586 essere in rialzo [ribasso]

上がっている、上昇している [落ち目になっている、下落している]

▶ Recentemente il prezzo dello yen **è in rialzo**.

最近、円の価格が上がっている。

## 0587 essere in sintonia con + 名詞

〜と調和している

▶ Questo mobile **è in sintonia con** lo stile della stanza.

この家具は部屋のスタイルと調和している。

## 0588 essere in (stretta) relazione

（密接に）関連している

▶ Lo stress e la mancanza di sonno **sono in stretta relazione**.

ストレスと睡眠不足は密接に関連している。

### 0589 essere in testa
先頭にいる

▶ Nella classifica dei nuotatori, Leonardo **è** sempre **in testa**.
競泳選手のランキングで、レオナルドはいつもトップにいる。

### 0590 essere in vacanza
休暇中である、休暇を取っている

▶ Lorenzo **è in vacanza** e non possiamo contattarlo.
ロレンツォは休暇中で、彼とコンタクトを取ることはできません。

### 0591 essere indipendente da ＋ 名詞
〜から独立している、〜に依存しない；〜と無関係である

▶ Ettore vuole **essere indipendente dai** suoi genitori.
エットレは、両親から自立したがっている。

### 0592 essere invidioso di ＋ 名詞
〜がうらやましい、ねたましい

▶ Michele **era invidioso del** successo di Franco.
ミケーレはフランコの出世がうらやましかった。

### 0593 essere (l')ora di ＋ 不定詞
〜する時間である、〜する頃合いである

▶ **È ora di** riunirsi.
集合する時間だ。

### 0594 essere lieto di ＋ 不定詞
〜を嬉しく思う

▶ **Sono lieto di** vedervi.
私は皆さんに会えて嬉しく思います。

## 0595 **essere meglio** + 不定詞

〜するほうがいい 〈非人称表現〉

▶ **È meglio** respingere quell'offerta.

その申し出を拒絶するほうがいい。

## 0596 **essere meglio che** + 接続法

〜するほうがいい 〈非人称表現〉

▶ **È meglio che** tu ritardi il rinnovo del contratto.

君は契約の更新を先延ばしにするほうがいいでしょう。

## 0597 **essere nato con la camicia**

恵まれている

▶ Nadia **è nata con la camicia**, perché la sua famiglia è molto ricca.

ナーディアは恵まれてるよ。だって彼女の家はとても金持ちだから。

## 0598 **essere nei guai**

苦境に陥っている、非常に困っている

▶ Simone **è nei guai** per via della sua famiglia.

シモーネは家族のことでとても困っている。

## 0599 **essere [mettersi] nei panni di** + 人

人の立場になってみる

▶ Se **foste nei miei panni**, capireste il mio dilemma.

私の立場になってみれば、君たちも私のジレンマが分かるんじゃないかな。

117

## 0600 **essere occupato [impegnato] a + 不定詞**
～で忙しい

▶ Quel meccanico **è occupato a** revisionare la macchina.
その自動車整備士は車の点検で忙しい。

## 0601 **essere occupato [impegnato] con + 名詞**
～で忙しい

▶ Annarita **è** molto **occupata con** i lavori in casa.
アンナリータは家事でとても忙しい。

## 0602 **essere orgoglioso di + 名詞**
～を自慢に思う、誇りにする

▶ Quel cuoco **è orgoglioso del** suo talento in cucina.
あの料理人は自分の料理の才能を誇りにしている。

## 0603 **essere possibile che + 接続法**
～することはありうる、～するかもしれない　〈非人称表現〉

▶ **È possibile che** quella società fallisca.
あの会社が倒産することはありうる。

## 0604 **essere probabile che + 接続法**
たぶん～だろう、～かもしれない　〈非人称表現〉

▶ **È probabile che** quello scienziato scopra una nuova teoria.
あの科学者はおそらく新しい理論を発見するだろう。

## 0605 **essere pronto a + 名詞**
～する準備ができている；すぐに～する、～しやすい

▶ Siamo **pronti a** partire.
私たちは出発する準備ができている。（いつでも出発できる）

▶ Natalia è sempre **pronta a** scherzare.
ナターリアはいつもすぐに冗談を言う。

**0606** **essere ridotto male**

ひどい状態である、落ちぶれている

▶ Dopo l'incontro, il lottatore **era ridotto male**.
対戦の後、そのレスラーはふらふらになった。

**0607** **essere sicuro che** + 直説法

〜は確かである 〈非人称表現〉

▶ **È sicuro che** Paola ha divorziato.
パオラが離婚したことは確かだ。

**0608** **essere solito** + 不定詞

〜するのが常である、〜する習慣がある

▶ Carolina **è solita** vestirsi elegantemente.
カロリーナはいつもエレガントな身なりをしている。

**0609** **essere stanco di** + 不定詞 / 人

〜に飽きた、うんざりする；人 に嫌気がさす

▶ Romeo **è stanco di** sentire le lamentele dei clienti.
ロメーオは顧客のクレームを聞くことにうんざりしている。

▶ **Sono stanco di** questi vicini ficcanaso.
私はこのおせっかいな近所の人たちに嫌気がさしている。

**0610** **essere stanco per** + 名詞

〜で疲れた

▶ **Sono stanco per** il lungo viaggio in nave.
私は船の長旅に疲れた。

**0611** **essere stufo di** + 名詞 / 不定詞

〜に飽き飽きした、うんざりした

▶ Giovanna **è stufa di** aiutare le sue figlie con i compiti.
ジョヴァンナは娘たちの宿題を見ることにうんざりしている。

**0612** **essere sul punto di** ＋ 不定詞

まさに〜するところだ

▶ Adesso l'aereo **è sul punto di** decollare.

今、飛行機はまさに離陸するところだ。

**0613** **essere tenuto a** ＋ 不定詞

〜する義務がある、〜しなければならない

▶ **Sono tenuto a** rispettare il contratto.

私には契約を遵守する義務があります。

**0614** **essere uguale a** ＋ 名詞

〜に等しい、〜と同じである

▶ Mia madre **è** proprio **uguale a** mia zia.

母は私の叔母とほんとうにそっくりです。

**0615** **essere un altro paio di maniche**

それはまったく別問題である

▶ Insegnare in Italia è facile, mentre farlo in Giappone **è un altro paio di maniche**.

イタリアで教えることは簡単だが、日本で教えるとなるとそれは別問題だ。

**0616** **essere un cane**

へたくそだ

▶ Quell'attore **è un cane**.

あの男優はへたくそだ。

**0617** **(essere un) peccato che** ＋ 接続法

〜だとは残念だ 〈非人称表現〉

▶ **È un peccato che** tu abbia perso la partita.

君が試合に負けたとは残念だ。

## 0618 estraneo a + 名詞

〜に関係のない、〜に無関係の

▶ Non voglio parlare con persone **estranee al** mio lavoro.
私の仕事と関係のない人とは話したくない。

## 0619 famoso per + 名詞

〜で有名な

▶ Ho visitato Pisa, la città **famosa per** la torre pendente.
私は斜塔で有名な町、ピサを見て回った。

## 0620 far le valigie

荷物をカバンに詰める、旅支度をする

▶ **Facendo le valigie** mi sento già in viaggio.
荷物をカバンに詰めながら、私はすでに旅行気分を味わっている。

## 0621 farcela a + 不定詞

うまく〜できる

▶ Non **ce la faccio a** spiegarti.
僕は君にうまく説明できない。

## 0622 fare + 不定詞

〜させる 〈使役動詞〉

▶ Il direttore **ha fatto** andare in banca un commesso.
部長は事務員を銀行に行かせた。

▶ Il direttore **ha fatto** mandare un'e-mail al commesso.
部長は事務員にEメールを送らせた。

### 0623 fare a meno di + 名詞 / 不定詞

〜なしですます；〜しないようにする

▶ Ormai sarà difficile **fare a meno dello** smartphone.
いまや、スマホなしですますことは難しい。

▶ **Farò a meno di** interferire nella loro discussione.
私は、彼らの議論に口出ししないようにします。

### 0624 fare al caso di +人

人にぴったりである、ふさわしい、もってこいである

▶ Lucia, hai la pelle secca, questa crema **fa al caso tuo**.
ルチーア、肌が乾燥してるね。このクリームがあなたにぴったりよ。

### 0625 fare amicizia con +人

人と親しくなる、人と友だちになる

▶ Luisa **ha fatto amicizia con** un ragazzo giapponese.
ルイーザは日本の少年と友だちになった。

### 0626 fare attenzione a + 名詞 / 不定詞

〜に注意する；〜するよう注意する
＊危険性とは無関係な「注意」。

▶ Dovete **fare attenzione al** cambiamento dell'orario.
君たちは時間割の変更に注意しなければならない。

▶ Quando torno, **faccio attenzione a** non svegliare nessuno.
私は帰宅するとき、みんなを起こさないように気をつけている。

### 0627 fare attenzione che + 接続法

〜するよう注意する
＊危険性とは無関係な「注意」。

▶ **Fa' attenzione che** nessuno ti guardi.
誰にも見られないよう注意しなさい。

122

## 0628 fare bel tempo

良い天気である　〈非人称表現〉

▶ **Farà bel tempo** domani?

明日は良い天気になるだろうか？

## 0629 fare bene a + 不定詞

〜するのは良い、〜するのが正解だ

▶ **Hai fatto bene a** seguire il consiglio del professore.

君は先生のアドバイスに従って良かったね。

## 0630 fare bene a + 名詞

〜に良い

▶ Questi cibi **fanno bene alla** salute.

これらの食べ物は健康に良い。

## 0631 fare brutto tempo

悪い天気である　〈非人称表現〉

▶ Se domani **fa brutto tempo,** non esco.

もし明日が悪い天気なら、私は外に出ない。

## 0632 fare caldo

暑い　〈非人称表現〉

▶ Per essere aprile oggi **fa** molto **caldo**.

4月にしては今日はとても暑い。

## 0633 fare carriera

出世する、昇進する

▶ Nella tua azienda ci saranno le condizioni per **fare carriera**?

君の会社では出世するための条件ってあるのだろうか？

**0634** **fare caso a + 名詞**

～に気づく、～を気にかける

▶ Non **ho fatto caso alla** nuova pettinatura di Luisa.

私はルイーザの新しい髪型に気づかなかった。

▶ Non **farci caso**! ＊《a + 名詞》が ci に置き換わっている。

気にするな！

**0635** **fare colazione**

朝食をとる

▶ Da che ora si può **fare colazione**?

朝食は何時からとることができますか？

**0636** **fare complimenti**

遠慮する

▶ Questo è un regalo per Lei. Non **faccia complimenti**. Lo prenda, per favore.

これはあなたへのプレゼントです。ご遠慮なさらないで。どうぞお受け取りください。

**0637** **fare conto che + 接続法**

～であるとみなす、～であると仮定する

▶ **Fate conto che** da oggi non si possa usare l'elettricità.

今日から電気が使えないと考えてみてください。

**0638** **fare conto di + 不定詞**

～するつもりだ

▶ **Faccio conto di** parlare con il medico domani.

明日お医者さんと話をするつもりです。

## 0639 fare del proprio meglio
自分のベストを尽くす

▶ Gianni **ha fatto del suo meglio** per vincere il concorso.
コンクールに入賞するため、ジャンニはベストを尽くした。

## 0640 fare (delle) spese
ショッピングをする

▶ Il sabato molta gente viene in centro per **fare spese**.
毎週土曜日、ショッピングするためにたくさんの人が中心街にやって来る。

## 0641 fare di A ＋ B
A を B にする

▶ Il padre voleva **fare di** sua figlia una cantante.
父は娘を歌手にしたかった。

## 0642 fare di testa propria
自分の思い通りにする、自力でやる；我を通す

▶ Nella vita, per essere indipendenti, è meglio **fare di testa propria**.
人が人生において自立するためには、自分の思い通りにするほうがいい。

▶ Adriano vuole sempre **fare di testa sua**.
アドリアーノはいつも我を通そうとする。 ＊がんこであることを表現。

## 0643 fare di tutto per ＋ 名詞 / 不定詞
～のためになんでもする、～のためにできる限りのことをする

▶ **Farò di tutto per** il tuo futuro.
君の将来のためにできる限りのことをするつもりだ。

▶ Il padre **ha fatto di tutto per** sostenere la sua famiglia.
父親は家族を支えるためになんでもした。

**0644** **fare due [quattro] passi**

散歩する

▶ Vorrei **fare due passi** con te.

君と散歩したいなあ。

**0645** **fare finta di** + 名詞 / 不定詞

〜のふりをする

▶ Lauro **ha fatto finta di** non sapere niente.

ラウロは何も知らないふりをした。

**0646** **fare follie per** + 名詞

〜に病みつきになる、〜に狂う

▶ Marcello **ha fatto follie per** quella donna.

マルチェッロはその女性に狂った。

**0647** **fare freddo**

寒い 〈非人称表現〉

▶ Quando ho viaggiato in Francia, **faceva** molto **freddo**.

私がフランスを旅行した時、とても寒かった。

**0648** **fare fronte a** + 名詞

〜に立ち向かう、対抗する

▶ Il governo deve **fare fronte alla** crisi finanziaria.

政府は財政危機に立ち向かわなければならない。

**0649** **fare [tagliare] i capelli a** +人

人 の髪を切る

▶ **Mi** puoi **fare i capelli**?（Puoi **farmi i capelli**?）

私の髪を切ってくれる？

## 0650 fare i conti

計算をする

▶ Carlo **fa i conti** senza usare la calcolatrice.

カルロは電卓を使わずに計算する。

## 0651 fare i conti con + 名詞

～と［に］決着をつける；～を考えに入れる、考慮する

▶ Ho bevuto tantissimo. Dopo essere tornato a casa, dovrò **fare i conti con** mia moglie.

飲み過ぎてしまった。家に帰ったら妻とケリをつけないといけないな。

▶ Adesso che abito a Sapporo devo **fare i conti con** il freddo.

札幌に住む以上は、寒さというものを考えに入れないといけない。

## 0652 fare i conti in tasca a + 人

人のふところ具合を詮索する

▶ Non devi **fare i conti in tasca agli** altri.

他人のふところ具合を詮索してはいけないよ。

## 0653 fare il bagno

入浴する；海水浴をする

▶ Mentre **facevo il bagno**, ascoltavo la radio.

私はお風呂に入りながらラジオを聴いていた。

## 0654 fare il biglietto

切符を買う

▶ Si deve **fare il biglietto** prima di prendere il treno.

列車に乗る前に切符を買わなければならない。

**0655** **fare il favore a + 人 + di + 不定詞**

　　　 人 に～してあげる

▶ **Mi faresti il favore di** chiudere il cassetto?
　 引き出しを閉めてもらえるかな？

**0656** **fare il nome di + 人**

　　　 人 の名前を出す、 人 の名前を明かす

▶ La polizia non **ha fatto il nome del** colpevole.
　 警察は犯人の名前を明かさなかった。

**0657** **fare il pendolare**

　　　 通勤する

▶ Mio padre **fa il pendolare** fra Milano e Monza.
　 私の父はミラノとモンツァの間を通勤している。

**0658** **fare il tifo per + 名詞**

　　　 ～を熱狂的に支持する

▶ Riccardo **fa il tifo per** la squadra di calcio della sua città.
　 リッカルドは自分の町のサッカーチームを熱狂的に応援している。

**0659** **fare il verso a + 人**

　　　 人 のものまねをする

▶ Quel comico **fa il verso a** un politico famoso.
　 そのコメディアンはある有名な政治家のものまねをする。

**0660** **fare in tempo a + 不定詞**

　　　 ～するのに間に合う

▶ Giancarlo **ha fatto in tempo a** iscriversi al corso per corrispondenza.
　 ジャンカルロは通信講座を申し込むのに間に合った。

**0661** **fare incetta di + 名詞**

〜を買い占める

▶ In quella latteria si può **fare incetta di** formaggi rari.
あの乳製品専門店では珍しいチーズを買い揃えることができる。

**0662** **fare la doccia**

シャワーを浴びる

▶ Ogni mattina **faccio la doccia**.
私は毎朝シャワーを浴びる。

**0663** **fare la fila / fare la coda**

並ぶ、行列に並ぶ

▶ Per entrare nel museo dobbiamo **fare la fila**.
博物館に入るためには並ばないといけません。

**0664** **fare la spesa**

（日常の）買い物をする

▶ Siccome abito in campagna, devo **fare la spesa** in una città vicina.
私は田舎に住んでいるので、隣町で買い物をしなければならない。

**0665** **fare le ore piccole**

夜更かしする

▶ Marta **ha fatto le ore piccole** per vedere una trasmissione dopo la mezzanotte.
マルタは深夜番組を見るために夜更かしした。

**0666** **fare le pulizie**

掃除する

▶ A Teresa piace **fare le pulizie**.
テレーザは掃除するのが好きだ。

**0667** **fare male a** + 不定詞

〜するのは良くない

▶ **Hai fatto male a** offendere il professore.

先生を侮辱するとは良くないね。

**0668** **fare male a** + 名詞

〜に良くない、〜に害を及ぼす

▶ L'alcol **fa male alla** salute.

アルコールは健康に良くない。

**0669** **fare male a** + 人

人 に痛みを与える；人 を傷つける

▶ **Mi fanno male** i denti.

私は歯が痛い。（歯が私に痛みを与える）

▶ Smettila! **Mi fai male!**

やめて！痛い！

**0670** **fare man bassa di** + 名詞

〜をごっそり盗む、〜を奪いつくす

▶ Il ladro **ha fatto man bassa di** gioielli.

泥棒は宝石をごっそりと盗んだ。

**0671** **fare meglio a** + 不定詞

〜するほうがいい

▶ **Farai meglio ad** accompagnare Marcello all'aeroporto.

君はマルチェッロを空港まで送っていくほうがいいよ。

## 0672 fare pace con + 人

人 と和解する、仲直りする

▶ Non voglio **fare pace con** Giuseppe, perché mi tratta sempre male.

私はジュゼッペと仲直りしたくない、いつも私に意地悪するから。

## 0673 fare parte di + 名詞

～に所属する、～に参加する、～の一部をなす

▶ Questo chef **fa parte dell'**associazione dei ristoratori mantovani.

このシェフはマントヴァのレストラン経営者協会に所属している。

## 0674 fare passi da gigante

著しい進歩を遂げる

▶ Antonio **ha fatto passi da gigante** con la scultura.

アントーニオは彫刻で著しい進境を見せた。

## 0675 fare paura a + 名詞

～を怖がらせる、～をおどかす

▶ Quei ragazzacci **hanno fatto paura al** cagnolino.

あのいたずらっ子たちはその子犬をおどかした。

## 0676 fare per + 不定詞

～しようとする

▶ **Facevo per** aprire la porta, quando ha squillato il telefono.

私がドアを開けようとしていたその時、電話が鳴った。

## 0677 fare per + 名詞

～に適している、～にふさわしい、～のためになる

▶ I lavori pesanti non **fanno per** te.

重労働は君には向いていない。

**0678** **fare piacere a ＋ 人 ＋ 名詞 / 不定詞**
人にとって〜が嬉しい

▶ **Mi ha fatto piacere** il tuo regalo per il mio compleanno.
君からの誕生日プレゼント、僕は嬉しかった。

▶ **Mi fa piacere** stare con voi.
僕はみんなと一緒にいられて嬉しい。

**0679** **fare piacere a ＋ 人 ＋ che ＋ 接続法**
人にとって〜ということが嬉しい

▶ **Mi fa** molto **piacere che** mio figlio abbia passato l'esame.
息子が試験にパスしたことが私はとても嬉しい。

**0680** **fare presto**
急ぐ、早くする

▶ Non abbiamo tempo. Dobbiamo **fare presto**.
私たちは時間がない。急がなければならない。

**0681** **fare rapporto a ＋ 名詞**
〜に報告する

▶ Dovrò **fare rapporto ai** colleghi circa quel caso.
その件について同僚たちに報告しなければならない。

**0682** **fare ricorso a ＋ 名詞**
〜に助けを求める、〜の力を借りる

▶ L'anziana malata **ha fatto ricorso ad** un'ambulanza.
病気の老婦人が救急車に助けを求めた。

**0683** **fare rumore**
音を立てる、うるさくする

▶ I miei vicini spesso **fanno rumore** la notte.
私の隣の住人たちはしょっちゅう夜中に物音を立てる。

## 0684 fare schifo a + 人

人 にとって不快だ、むかつく、嫌悪する

▶ Le uova di pesce **mi fanno schifo**.
私は魚の卵がいやだ。

## 0685 fare segno di + 名詞 / 不定詞

～の合図をする、～するよう合図する

▶ **Fa**mmi **segno di** venire con la mano!
手で「おいで」の合図をしてくれ！

## 0686 fare strada

出世する、成功する

▶ Giovanni **ha fatto strada** nonostante abbia avuto molte difficoltà.
ジョヴァンニは、多くの困難があったにもかかわらず出世した。

## 0687 fare tardi

(帰りが) 遅くなる、夜更かしする；遅れる

▶ Stasera **faccio tardi**. Ciao!
今晩は帰りが遅くなります。じゃあね！

▶ Presto, vestiti, altrimenti **fai tardi**!
早く服を着なさい、でないと遅れるよ！

## 0688 fare tardi a + 名詞

～に遅れる、～に遅刻する

▶ **Abbiamo fatto tardi all'**ultimo spettacolo.
私たちは最終の公演に遅れた。

**0689** **fare un favore a ＋ 人**

　人 の頼みごとを聞く

▶ **Mi fai un favore?**
　私の頼みごとを聞いてくれる？（ちょっとお願いがあるんだけど）

**0690** **fare un giro in macchina**

　ドライブする

▶ Vorrei **fare un giro in macchina** con Elisabetta.
　エリザベッタとドライブしたいなあ。

**0691** **fare un reclamo**

　クレームをつける、苦情を言う

▶ Quella cliente **fa** sempre **reclami**.
　あのお客はいつもクレームをつける。

**0692** **fare un salto a [da] ＋ 名詞**

　〜にちょっと立ち寄る

▶ Mentre viaggiavo in Veneto, **ho fatto un salto a** Treviso.
　私は、ヴェネト州を旅行中、トレヴィーゾにちょっと立ち寄った。

**0693** **fare un viaggio**

　旅行する

▶ Quest'estate **facciamo un viaggio** in Sardegna.
　今年の夏、私たちはサルデーニャを旅行します。

**0694** **fare (una) bella figura**

　良い印象を与える、いい格好をする、体裁をかまう

▶ Gianni vuole **fare bella figura** alla festa.
　ジャンニはパーティーでいい格好がしたい。

### 0695 fare (una) brutta figura
悪い印象を与える、格好が悪い、恥をさらす

▶ Devo indossare una giacca per la festa di stasera, altrimenti **farò una brutta figura**.

僕は今夜のパーティーにジャケットを着なければならない。でないと格好が悪いだろうから。

### 0696 fare una gita
小旅行をする、遊びに出かける

▶ **Abbiamo fatto una gita** al mare.

私たちは海まで遊びに出かけました。

### 0697 fare una papera
うっかり言い間違いをする

▶ Alla conferenza il presidente **ha fatto una papera**.

会議で社長がうっかり言い間違いをした。

### 0698 fare una passeggiata
散歩する

▶ **Abbiamo fatto una passeggiata** lungo il fiume.

僕たちは川沿いを散歩した。

### 0699 fare una telefonata a [in] ＋ 名詞
〜に電話する

▶ Oggi pomeriggio **faccio una telefonata in** ufficio.

今日の午後、オフィスに電話します。

### 0700 fare visita a ＋ 人
人 を訪ねる、訪問する

▶ Il signor Bellini **ha fatto visita a** un suo vecchio amico.

ベッリーニ氏は彼の旧友のひとりを訪ねた。

**0701** **fare voto di ＋ 不定詞**

〜すると誓う

▶ Gino **ha fatto voto di** mantenere la promessa.
ジーノは約束を守ると誓った。

**0702** **farla da padrone**

主人づらをする、大威張りする
＊fare の主語が女性名詞の場合、padrona となる。

▶ Nella pasticceria siciliana la pasta di mandorle **la fa da padrona**.
シチリアのケーキ作りではアーモンドペーストがメインになる。

**0703** **farla finita con ＋ 名詞**

〜を止める、〜と関係を絶つ

▶ Olga ha preso la decisione di **farla finita con** Matteo.
オルガはマッテーオと縁を切る決心をした。

**0704** **farne di cotte e di crude**
**// farne di tutti i colori**

あらゆる悪事に手を染める

▶ Da giovani, Giacomo e Piero **ne facevano di cotte e di crude**.
ジャコモとピエーロは若い頃、いろいろと悪事を働いていた。

**0705** **farsi ＋ 不定詞**

〜してもらう 〈使役動詞〉

▶ **Mi sono fatto** visitare da un dottore.
私は医者に診察してもらった。

▶ **Mi sono fatto** chiamare un taxi dal cameriere.
私はウェイターにタクシーを呼んでもらった。

## 0706 farsi avanti

前に出る；自分を押し出す

▶ Se vuoi conquistare quella ragazza, dovresti **farti avanti** tu.
彼女を射止めるには、君が前に出ないといけないんじゃないか。

## 0707 farsi buio

日が暮れる、暗くなる　〈非人称表現〉

▶ **Si è** già **fatto buio**.
もう暗くなったね。

## 0708 farsi coraggio

勇気を出す

▶ **Fatti coraggio**!
君、勇気を出せよ！

## 0709 farsi fare [tagliare] i capelli da + 人

人 に（自分の）髪を切ってもらう

▶ Maria **si è fatta fare i capelli dalla** parrucchiera.
マリーアは女性の美容師に髪を切ってもらった。

## 0710 farsi la barba

（自分の）ひげを剃る

▶ Stamattina **mi sono fatto la barba** con il rasoio elettrico.
私は今朝、電気カミソリでひげを剃った。

## 0711 farsi strada

自分の道を開く

▶ Non è facile **farsi strada** nel mondo della moda.
ファッションの世界で自分の道を切り開くことは簡単でない。

## 0712 farsi strada tra [in] ＋ 名詞

～の間 [中] をかき分けて進む

▶ Quel famoso attore **si è fatto strada tra** la folla.
あの有名な俳優は群衆をかき分けて進んでいった。

## 0713 farsi tardi

遅くなる

▶ **Si è fatto tardi:** finiamo il lavoro anche noi.
遅くなったので、私たちも仕事を終えましょう。

## 0714 farsi una famiglia

所帯を持つ、結婚する

▶ Finalmente Luca **si è fatto una famiglia**.
やっとルーカが所帯を持った。

## 0715 farsi vedere (**da** ＋ 名詞)

(～のところに) 姿を現す、顔を出す

▶ Lidia dovrebbe venire anche oggi, ma non **si è** ancora **fatta vedere**.
リーディアは今日も来るはずなんだけど、まだ姿を見せない。

## 0716 farsi vivo

近況を知らせる、姿を見せる

▶ Vincenzo non **si fa vivo** da tre anni.
ヴィンチェンツォから3年音沙汰がない。

## 0717 fatto a mano

手作りの

▶ A casa di Emilia ho mangiato una torta **fatta a mano** da sua madre.
私はエミーリアの家で、彼女のお母さんの手作りケーキを食べた。

**0718** **fatto di** + 名詞

〜で作られた

▶ Questa statua di Budda è **fatta di** legno.

この仏像は木でできている。

**0719** **ficcare il naso in** + 名詞

〜に口をはさむ、おせっかいする

▶ La signora Montella **ha ficcato il naso nella** nostra conversazione.

モンテッラ婦人は私たちの会話に口をさしはさんできた。

**0720** **fidarsi di** + 名詞

〜を信頼する、信用する

▶ **Mi fido dei** miei amici.

私は友人たちを信頼している。

**0721** **fin d'allora**

その時からずっと

▶ **Fin d'allora** Anna ha tenuto un diario.

その時からずっとアンナは日記をつけた。

**0722** **fin d'ora** // **fin da ora**

今から、これから

▶ Vi spiego **fin d'ora** come si usa l'estintore.

皆さんに、今から消火器の使い方を説明します。

**0723** **fin da** + 名詞

〜からずっと、〜以来、すでに〜から

▶ Questa chiesa è in costruzione **fin dal** 1910.

この教会は1910年からずっと建設工事が続いている。

### 0724 fin qui
ここまで
▶ Puoi controllare il manoscritto **fin qui**?
原稿をここまでチェックしてくれる？

### 0725 finire di + 不定詞
〜し終える
▶ **Ho finito di** scrivere una cartolina.
私はハガキを書き終えた。

### 0726 finire per + 不定詞 // finire con il + 不定詞
結局〜になる、ついには〜することになる
▶ Dopo molti sforzi, Massimiliano **ha finito per** laurearsi.
多大な努力の末に、マッシミリアーノは大学を卒業した。

### 0727 fino a + 名詞
〜まで
▶ Posso accompagnarti **fino a** casa?
君を家まで送ってもいいですか？

### 0728 fino a quando
いつまで
▶ **Fino a quando** durerà questa situazione?
いつまでこの状態が続くのだろう？

### 0729 fino a un certo punto
ある程度まで
▶ L'operazione è avanzata **fino a un certo punto**.
作業はある程度まで進んだ。

**0730** **fino ad allora**

その時までずっと

▶ **Fino ad allora** non sapevo il fatto.

その時までずっと私は事実を知らなかった。

**0731** **fior di** + 名詞

かなりの、たくさんの

▶ In quell'enoteca ci sono **fior di** vini francesi.

あのワイン屋には、かなりのフランスワインがある。

**0732** **fra [tra] A e B**

AとBの間に

▶ C'è un grande equivoco **fra** me **e** lei.

私と彼女の間にはとても大きな誤解がある。

**0733** **fra [tra] l'altro**

その上、更に、そして；ところで

▶ Questo sakè è molto buono. **Fra l'altro** è anche economico.

この日本酒はとてもおいしいし、その上安いんだよ。

▶ Ieri ho visto Lucio. **Fra l'altro,** sai che si è sposato?

昨日ルーチョに会ったよ。ところで、彼が結婚したって君は知ってる？

**0734** **fra [tra] poco**

まもなく、やがて

▶ **Fra poco** mi telefonerà Diana.

まもなくディアーナが私に電話してくるだろう。

**0735** **fuori (di) mano**

遠いところに、不便なところに

▶ Quella trattoria è un po' **fuori mano**.

そのトラットリーアはちょっと遠くにある。

## 0736 fuori (di) stagione
季節はずれの

▶ Mi hanno regalato della frutta **fuori stagione**.
私は、季節はずれの果物をもらった。

## 0737 fuori servizio
勤務時間外の；（機械などが）使用不能の

▶ Adesso il dottor Verdi è **fuori servizio**.
今、ヴェルディ医師は勤務時間外です。

## 0738 gettare [versare / buttare] olio sul fuoco
火に油を注ぐ

▶ Le parole di Fabrizio **gettavano olio sul fuoco**.
ファブリーツィオの言葉が火に油を注いだ。

## 0739 gettarsi [buttarsi] a capofitto in + 名詞
〜に打ち込む、没頭する

▶ Mio fratello **si è gettato a capofitto nel** nuovo lavoro.
私の弟は新しい仕事に没頭した。

## 0740 giocare a + 名詞
（ゲームなど）をして遊ぶ；〜のスポーツをする

▶ Mi piace **giocare a** carte.
僕はトランプをするのが好きだ。

▶ La domenica noi **giochiamo a** frisbee nel parco.
毎週日曜日、私たちは公園でフリスビーをする。

## 0741 giocarsi la testa su + 名詞
〜が間違いないと保証する、〜に太鼓判を押す

▶ L'allenatore **si gioca la testa sulla** qualità del nuovo attaccante.
監督は、新入りのフォワードの資質に太鼓判を押している。

## 0742 giorno dopo giorno

日ごとに、日々

▶ I turisti stranieri in Giappone aumentano **giorno dopo giorno**.
日本への外国人旅行者は日々増加している。

## 0743 giorno e notte

昼も夜も、日夜

▶ Questo negozio è aperto **giorno e notte**.
この店は昼も夜も開いている。

## 0744 giorno per giorno

1日1日、その日その日を

▶ Vorrei vivere senza pensieri **giorno per giorno**.
私は1日1日を何も考えずに暮らしたい。

## 0745 girare per le strade

町を歩き回る

▶ Quando vado a Roma, voglio **girare per le strade** di Trastevere.
ローマに行ったら、私はトラステヴェレを歩き回りたい。

## 0746 godere di + 名詞

〜を心から喜ぶ；〜を享受する、〜に恵まれている

▶ Voglio **godere del** mio successo.
私は自らの成功を心から喜びたい。

▶ La nostra città **gode di** un ricco panorama culturale.
私たちの町は豊かな文化的風景に恵まれている。

## 0747 gran parte di + 名詞

大部分の〜、ほとんどの〜

▶ **Gran parte dei** turisti stranieri usa la carta di credito.
外国人観光客のほとんどがクレジットカードを使う。

143

**0748** **grazie a** + 名詞

〜のおかげで、〜の力により

▶ **Grazie a** tutti voi, abbiamo potuto realizzare quest'evento.

皆さん全員のおかげで、私たちはこのイベントを実現できました。

**0749** **guai a** + 不定詞

〜したら承知しない、〜したらとんでもないことになる

▶ **Guai a** mangiare la cioccolata senza il permesso della mamma!

ママの許しなく、チョコレートを食べたら承知しないから！

**0750** **guardare** + 人 + **di traverso**
// **guardare** + 人 + **storto**

人 を横目でにらみつける、人 を白い目で見る

▶ Quell'insegnante **guarda di traverso** lo studente indisciplinato.

その先生は規律を守らない生徒をにらみつける。

＊「人」にあたる部分が長い場合、《di traverso》と位置が変わる。

**0751** **guarire da** + 名詞（病気）

〜の病気が治る

▶ Fortunatamente mia nonna **è guarita da** una grave bronchite.

幸運にも、私の祖母は重い気管支炎が治った。

**0752** **il fatto che** + 接続法

〜という事実、〜ということ

▶ **Il fatto che** ci sia molto traffico su questa strada è raro.

この道路が渋滞するということはまれである。

## 0753 il fatto è che [fatto sta che / sta di fatto che] + 直説法

実は～なのである、実際～である、つまり～ということだ

▶ **Il fatto è che** le sue affermazioni erano tutte false.
実は、彼の発言はまるっきり嘘だった。

## 0754 il motivo [la ragione] per cui + 直説法

～する理由、～するわけ

▶ Giorgio mi ha raccontato **il motivo per cui** si era trasferito a Torino.
ジョルジョはトリノに引っ越した理由を私に語った。

## 0755 il più possibile

できるだけ

▶ Cercherò di accontentarLa **il più possibile**.
できるだけあなたを満足させるようにします。

## 0756 il [al] più presto possibile

できるだけ早く

▶ Lo informerò del risultato della partita **il più presto possibile**.
試合の結果をできるだけ早く彼に報告するつもりです。

## 0757 imparare a + 不定詞

～することを習う、教わる

▶ Mia figlia **ha imparato a** nuotare a rana.
私の娘は平泳ぎを習った。

**0758** **impedire a + 人 + di + 不定詞**
　　　　　人が〜するのを妨げる

▶ La depressione **ha impedito a** Mario **di** trovare lavoro.
憂鬱な気分がマーリオの就職を妨げた。
（気持ちがふさいでマーリオは仕事を見つけられなかった）

**0759** **impegnarsi a + 不定詞**
　　　　　〜することを約束する、〜することを請け合う

▶ La nostra azienda **si impegna a** acquistare i vostri prodotti ogni anno.
弊社は貴社の製品を毎年購入することを約束致します。

**0760** **impegnarsi in + 名詞**
　　　　　〜に専念する、〜に打ち込む

▶ Emilio **si impegna nella** ricerca.
エミーリオは研究に専念している。

**0761** **in aereo // in treno**
　　　　　飛行機で［電車で］

▶ Vado a Sapporo **in aereo**.
札幌へは飛行機で行きます。

**0762** **in alto**
　　　　　上に；上を

▶ Ho appeso il quadro **in alto**.
私は絵を上に掛けた。

▶ Giovanni, guarda **in alto**! C'è un dirigibile!
ジョヴァンニ、上を見て！飛行船が飛んでるよ！

## 0763 in altre parole
言い換えれば

▶ **In altre parole**, Roma è un tesoro dell'umanità.
言い換えれば、ローマは人類の財産である。

## 0764 in altri termini
言い換えれば

▶ La cucina italiana è, **in altri termini**, il nome generico di tutte le cucine regionali d'Italia.
イタリア料理は、言い換えれば、イタリアの全地方料理の総称である。

## 0765 in anticipo
（予定よりも）早めに、前もって、あらかじめ

▶ Quel cantante è molto popolare, quindi devi comprare il biglietto del concerto **in anticipo**.
あの歌手はとても人気があるから、コンサートのチケットは早めに買っておかないといけないよ。

## 0766 in [all']apparenza
見かけは、見た目には、外見は

▶ Giuseppe **in apparenza** sembra sano, ma ha dei problemi di salute.
ジュゼッペは、見かけは元気そうだが、健康に問題を抱えている。

## 0767 in assenza di + 名詞
～が不在の時に、～がいない時に

▶ **In assenza della** segretaria, si prega di lasciare un messaggio.
秘書が不在の時には、伝言を残すようにお願いします。

### 0768 in assoluto

絶対に、完全に、無条件で

▶ Questo candidato è il migliore **in assoluto**.
この候補者こそ絶対に一番だ。

### 0769 in attesa di + 名詞

～を待って、～を待つ間

▶ Leggevo un giallo **in attesa della** partenza dell'aereo.
私は飛行機の出発を待つ間、推理小説を読んでいた。

### 0770 in atto

進行中で [の]、開催中で [の]

▶ È **in atto** un progetto di ristrutturazione di questi palazzi.
これらの建物の改築計画は進行中である。

### 0771 in [nell'] atto di + 不定詞

～している最中に、～する時に

▶ Il colpevole è stato catturato **nell'atto di** scippare.
犯人はひったくりの現行犯で逮捕された。

### 0772 in aumento

増えて、上昇して

▶ La popolazione di quella città è **in aumento**.
あの町の人口は増加している。

### 0773 in balia di + 名詞

～の思うままに、～のなすがままに

▶ Quella barca da pesca è **in balia delle** onde.
あの釣り船は波にもまれている。

## 0774 in base a + 名詞 // sulla base di + 名詞
～にもとづいて

▶ Questo manuale è stato elaborato **in base al** nuovo regolamento.
このマニュアルは新しい規則にもとづいて作成された。

## 0775 in basso
下に；下を

▶ Abbiamo appoggiato le nostre valigie **in basso**.
私たちはスーツケースを下に置いた。

▶ Guardando **in basso** si può vedere un villaggio.
下を見おろすと村が見える。

## 0776 in bianco e nero
白黒の、モノクロの

▶ Siamo andati a una mostra di foto **in bianco e nero**.
私たちはモノクロ写真展に行った。

## 0777 in bocca al lupo !
しっかり頑張って！

＊試験、冒険、大仕事などの前の縁起かつぎの励ましの言葉。

＊ 0375 Crepi il lupo！を参照のこと。

## 0778 in breve
短い間に；手短に、かいつまんで

▶ Il professore ci ha spiegato **in breve** la trama del romanzo.
先生は私たちに、小説のあらすじを手短に説明してくれた。

## 0779 in cambio
その代わり、お返しに

▶ **In cambio,** ti offrirò un pranzo.
その代わり、僕は君に昼食をごちそうするよ。

**0780** **in cambio di** + 名詞

～と引き換えに、～の代わりに

▶ All'arrivo, **in cambio del** tagliando si ricevono i propri bagagli.

到着時、半券と引き換えに自分の手荷物を受け取れる。

**0781** **in capo**

最高位の

▶ Ho incontrato il comandante **in capo** di quella caserma.

私はその兵舎の最高司令官に出会った。

**0782** **in carne e ossa**

本人自身で、そのもので

▶ Non ci posso credere! Quel giovane dai capelli biondi è Alberto **in carne e ossa**!

信じられない！あの金髪の若者がアルベルト本人だって！

**0783** **in caso**

何かあれば、必要であれば

▶ **In caso** mandami subito un'e-mail!

何かあったら、すぐ私にメールを送ってね！

**0784** **in caso di** + 名詞

～の場合には

▶ **In caso di** sciopero, dovremo rinviare il viaggio.

ストライキの場合には、私たちは旅行を延期しなければならないだろう。

**0785** **in cima a** + 名詞

～のてっぺんに、～の先端で

▶ C'è un rifugio **in cima a** quella montagna.

あの山の頂上には避難所がある。

## 0786 in compenso

その代わりに、その埋め合わせに、そのお返しに

▶ Il mio stipendio è alto, **in compenso** devo lavorare tantissimo.
私の給料は高いが、その代わりものすごく働かなければならない。

## 0787 in complesso

全部で、全体として

▶ **In complesso**, nel terreno ci sono tre fabbriche.
敷地内に全部で3つの工場がある。

## 0788 in comune

共通に；共同で

▶ Io e Emilia gestiamo questo negozio **in comune**.
私とエミーリアは共同でこの店を経営している。

## 0789 in comune con ＋ 名詞

〜と共通して；〜と共同して

▶ Io ho molti amici **in comune con** Bernardo.
僕はベルナルドと共通の友達をたくさん持っている。

▶ Uso questa macchina **in comune con** mia madre.
私はこの車を母とシェアしている。

## 0790 in conclusione

結局、要するに

▶ **In conclusione**, ho dovuto accettare questo lavoro.
結局、私はこの仕事を引き受けなければならなかった。

## 0791 in confidenza

内緒で、内密に

▶ **In confidenza**, il capo mi ha mostrato il preventivo.
上司は、内緒で私に見積もりを見せてくれた。

**0792** **in confronto a** + 名詞
〜と比べて
▶ Gli italiani sono più allegri **in confronto ai** polacchi.
ポーランド人に比べてイタリア人はもっと陽気だ。

**0793** **in considerazione di** + 名詞
〜を考慮して、〜を考えて
▶ **In considerazione del** Suo budget, Le consiglio questo investimento.
あなたの予算を考えて、私はあなたにこの投資をお勧めします。

**0794** **in contanti**
現金で、キャッシュで
▶ In questo negozio si deve pagare **in contanti**.
この店では、現金で支払いをしなければならない。

**0795** **in corso**
進行中の、作業中の
▶ I lavori in galleria sono ancora **in corso**.
トンネル工事はまだ進行中だ。

**0796** **in coscienza**
正直なところ
▶ **In coscienza**, capisco che il mio comportamento non deve essere permesso.
正直なところ、私のふるまいは許されるべきではないと認めます。

**0797** **in definitiva**
結局、要するに
▶ **In definitiva**, penso che tu abbia sbagliato.
結局、君が間違ったのだと思う。

## 0798 in dettaglio
詳しく、詳細に

▶ Puoi spiegarmi **in dettaglio** questo punto?
この点について、君は私に詳しく説明できますか？

## 0799 in diretta
生中継で、生放送で

▶ Questa partita di tennis verrà trasmessa **in diretta**.
このテニスの試合は生中継で放送される予定である。

## 0800 in effetti
その通り実際、やっぱり

▶ **In effetti**, se andiamo in bicicletta, arriveremo presto.
やっぱり、自転車で行くと早く着けるよね。

## 0801 in esclusiva
独占的に

▶ Questo negozio vende prodotti tipici regionali **in esclusiva**.
この店では地方の特産品を独占的に販売している。

## 0802 in faccia（a + 名詞）
面と向かって、顔面に、あからさまに；（～の）正面に

▶ Fulvio ha il coraggio di dire le cose **in faccia**.
フルヴィオは面と向かってものを言う度胸がある。

▶ Quando sono andato al mare, ho preso troppo sole **in faccia**.
僕は海に行って、太陽の光を顔に浴び過ぎた。

▶ **In faccia alla** basilica c'è il municipio.
大聖堂の正面に市役所がある。

### 0803 in fatto di + 名詞
~に関しては、~については

▶ **In fatto di** storia francese, Sandro è un esperto.
フランスの歴史に関しては、サンドロが専門家だ。

### 0804 in fila
並んで；1列に

▶ I turisti aspettavano il pullman **in fila** per due.
旅行客たちは2列に並んで観光バスを待っていた。

▶ Abbiamo parcheggiato le macchine **in fila**.
私たちは車を1列に駐車した。

### 0805 in fin dei conti
結局、要するに

▶ **In fin dei conti** loro avevano sbagliato.
結局、彼らが間違っていたのだ。

### 0806 in fine
ついに、最終的には

▶ **In fine** Tommaso ha perso tutta la sua fortuna.
ついにトンマーゾはすべての財産を失った。

### 0807 in [nel] fondo
結局は、つまるところ；奥に、底に

▶ **In fondo** doveva essere così.
結局はそうなることになっていたんだ。

▶ C'è un'altra stanza lì **in fondo**.
その奥にもうひとつ部屋がある。

## 0808 in fondo a ＋ 名詞
〜の突き当たりに、〜の奥に

▶ Il bagno si trova **in fondo al** corridoio.
洗面所は廊下の突き当たりにあります。

## 0809 in [di] fretta
急いで、慌てて

▶ Giovanna, spedisci questo documento al signor Gallo **in fretta**!
ジョヴァンナ、この書類を急いでガッロさんへ送ってくれ！

## 0810 in [nel] futuro
今後（は）、将来（は）

▶ **In futuro** vorrei diventare pilota di una linea aerea internazionale.
僕は将来、国際線のパイロットになりたいなあ。

## 0811 in gamba
優秀な、有能な；元気な

▶ Giorgio studia, lavora e fa volontariato: è un uomo **in gamba**.
ジョルジョは勉強し、働き、ボランティア活動をしている。優秀な男だよ。

## 0812 in generale
一般的に、概して

▶ **In generale** i giapponesi sono modesti.
一般的に、日本人は謙虚である。

## 0813 in genere
一般的に、概して

▶ **In genere** gli americani sono amichevoli.
一般的に、アメリカ人はフレンドリーである。

### 0814 in ginocchio

ひざまずいて

▶ In chiesa Emma pregava **in ginocchio** per suo marito malato.

教会でエンマは病気の夫のためにひざまずいて祈っていた。

### 0815 in giornata

その日のうちに、今日中に

▶ Dobbiamo finire questo lavoro **in giornata**.

私たちは今日中にこの仕事を終えなければならない。

### 0816 in giro

あたりに

▶ Ci sono stati degli scippi qui **in giro**.

このあたりでいくつかひったくりが発生した。

### 0817 in giù

下に [を]、下の方に [を]；～から下 〈数・年齢〉

▶ Ho guardato **in giù** dall'alto della torre.

私はタワーの上から下を見おろした。

▶ Possono prendere queste caramelle solo i bambini dai sei anni **in giù**.

6歳以下の子供だけがこのキャンディーをもらえる。

### 0818 in gran parte

大部分は、ほとんどは

▶ In Giappone, i tartufi bianchi provengono **in gran parte** dall'Italia.

日本には、白トリュフはその大部分がイタリアからやって来る。

### 0819 in linea d'aria

直線距離で、一直線に

▶ Quanti chilometri ci saranno **in linea d'aria** da Bologna a Venezia?

ボローニャとヴェネツィアの間は直線距離で何キロあるのかな？

### 0820 in linea di massima

およそのところ、大筋において

▶ **In linea di massima**, si prevede che saranno rimborsati i biglietti della partita che è stata rinviata.

およそのところ、延期になった試合のチケットは払い戻されることが予想される。

### 0821 in lungo e in largo

至るところ、そこら中、隅々まで

▶ Ho cercato la mia carta di credito **in lungo e in largo**, ma non l'ho trovata.

私はクレジットカードをそこら中探したが、見つからなかった。

### 0822 in macchina

車で

▶ Gli piace viaggiare **in macchina**.

彼は車で旅行するのが好きだ。

### 0823 in maggioranza

たいてい、おおかた

▶ Le famiglie di questo quartiere sono **in maggioranza** ricche.

この地区の家庭はたいてい金持ちである。

### 0824 in maggiore misura

最大限に、大幅に

▶ Il giro d'affari di questo trimestre è aumentato **in maggiore misura**.

この3か月間の売上高は大幅に増加した。

### 0825 in mancanza di + 名詞

〜がない場合、〜がない中で

▶ Loro sono sopravvissuti anche **in mancanza di** cibo.

食べ物がない中でも彼らは生き残った。

### 0826 in maniera + 形容詞

〜的に、〜的には

▶ L'interno del palazzo è decorato **in maniera** classica.

その邸宅の内部はクラシックに装飾されている。

### 0827 in massa

大量に、ひとまとめにして、一斉に

▶ Rosanna ha buttato **in massa** i suoi vestiti vecchi.

ロザンナは自分の古い洋服をひとまとめにして捨てた。

### 0828 in materia

この件に関して

▶ Non ho nessuna conoscenza **in materia**.

この件に関して私は何ら知識を持ち合わせていない。

### 0829 in materia di + 名詞

〜に関して

▶ La professoressa Martini è un'autorità **in materia di** letteratura.

マルティーニ教授は、文学において第一人者である。

### 0830 **in media**

平均して

▶ Emilio spende mille euro **in media** al mese.

エミーリオは月平均1,000ユーロ使う。

### 0831 **in [di] meno**

より少なく

▶ Se avessi dieci anni **in meno**, frequenterei il corso di lingua latina.

私が10歳若ければ、ラテン語の講座に通うんだけどなあ。

### 0832 **in merito a** + 名詞

～について、～に関して

▶ Non ho niente da dire **in merito a** quella questione.

その問題について私が言うべきことはありません。

### 0833 **in mezzo a** +名詞 // **nel mezzo di** + 名詞

～の真ん中に；～の最中に

▶ **In mezzo al** cortile c'è un vecchio pozzo.

中庭の真ん中に古い井戸がある。

▶ **Nel** bel **mezzo della** lezione, improvvisamente ha squillato l'allarme.

授業の真っ最中に、突然、警報が鳴り響いた。

### 0834 **in minore misura**

最小限に、小幅に

▶ I numeri degli spettatori sono diminuiti **in minore misura**.

観客の数が小幅ながら減った。

### 0835 **in modo che ＋ 接続法**
〜するように

▶ Dobbiamo fare **in modo che** tutti siano soddisfatti del risultato.
私たちは、みんなが結果に満足するようにやらなければならない。

### 0836 **in modo da ＋ 不定詞**
〜するように

▶ Mescolate bene, **in modo da** non bruciare il sugo.
ソースを焦がさないようにちゃんとかき混ぜなさい。

### 0837 **in nome di ＋ 名詞**
〜の名において、〜を代表して

▶ Il sindaco ha fatto un discorso di congratulazioni **in nome di** tutti i cittadini.
市長はすべての市民を代表して祝辞を述べた。

### 0838 **in occasione di ＋ 名詞**
〜の機会に、〜の折に

▶ **In occasione del** viaggio a Venezia, proverò gli spaghetti al nero di seppia.
ヴェネツィア旅行の機会に、イカ墨のスパゲッティを食べてみます。

### 0839 **in oggetto**
問題の、対象となっている

▶ Sono indeciso se accettare l'invito **in oggetto** o no.
問題の招待を受けるかどうか私は決心がつかない。

### 0840 in ogni angolo di ＋ 名詞
〜の至るところに

▶ Ormai possiamo trovare fast food americani **in ogni angolo d**'Italia.

今では、イタリアの至るところでアメリカンファストフードと出会うことができる。

### 0841 in ogni caso
いずれにしても、ともかく、どっちみち

▶ **In ogni caso** telefono a Nadia dopodomani.

いずれにしても明後日ナーディアに電話します。

### 0842 in ogni senso
あらゆる意味で

▶ Quella scoperta è rivoluzionaria **in ogni senso**.

その発見は、あらゆる意味において革命的である。

### 0843 in omaggio a ＋ 名詞
〜に敬意を表して

▶ A Tokyo si è tenuta una mostra **in omaggio ai** pittori dell'epoca Meiji.

明治時代の画家に敬意を表して展覧会が東京で開かれた。

### 0844 in ordine
きちんと、整然と、整理された

▶ Lo scaffale della camera di Michele è sempre **in ordine**.

ミケーレの部屋の本棚はいつもきちんとしている。

### 0845 in ordine di ＋ 名詞
～に従って、～の順に

▶ La maestra ha fatto l'appello **in ordine di** data di nascita.
先生は、生年月日順に点呼をとった。

### 0846 in origine
元は、元来、最初は

▶ **In origine** Tokyo si chiamava Edo.
元は、東京は江戸と呼ばれていた。

### 0847 in pace
平穏に

▶ Le giornate in campagna passavano **in pace**.
田舎での日々が平穏に過ぎていった。

### 0848 in parole povere
簡単に言えば

▶ **In parole povere**, lui è ancora un bambino.
平たく言えば、彼はまだ子供だ。

### 0849 in parte
部分的に

▶ La sua teoria è **in parte** giusta.
彼の理論は部分的には正しい。

### 0850 in particolare
特に、とりわけ

▶ **In particolare**, l'interpretazione di Agata nella seconda metà dello spettacolo mi è piaciuta molto.
とりわけ、公演後半でのアガタの演技がとても良かった。

**0851** **in passato**

以前は、昔は

▶ **In passato** questo quartiere era ancora più animato.

昔は、この界隈はずっとにぎやかであった。

**0852** **in persona**

自ら、自分自身で

▶ Il colpevole si è presentato alla polizia **in persona**.

犯人自らが警察に出頭してきた。

**0853** **in [a] pezzi**

粉々に、ばらばらに

▶ Con questa macchina, si possono rompere le pietre **in pezzi**.

この機械を使えば、石を粉々に砕くことができる。

**0854** **in piedi**

立って；起きて

▶ Durante il viaggio in treno, sono dovuto stare **in piedi**.

列車での旅の間、私は立っていなければならなかった。

▶ Sono **in piedi** dalle quattro di mattina.

私は朝4時から起きている。

**0855** **in pieno giorno**

真っ昼間に、白昼

▶ Una banda di rapinatori ha attaccato la banca **in pieno giorno**.

強盗団が白昼、銀行を襲撃した。

**0856** **in più**

余分に、余計に

▶ Forse allo sportello ho pagato dieci euro **in più**.

窓口で10ユーロ余計に支払ったかもしれない。

## 0857 in poche parole

手短に言えば、早い話が、かいつまんで言えば

▶ **In poche parole**, Pio è stato licenziato.

早い話が、ピーオは首になったんだ。

## 0858 in pratica

実際に、実際問題として、事実上

▶ **In pratica**, cosa dobbiamo fare?

実際問題として、私たちは何をしなければならないのですか？

## 0859 in precedenza

あらかじめ、前もって、事前に

▶ **In precedenza** Matteo aveva annotato l'indirizzo dell'ufficio.

前もって、マッテーオはオフィスの住所を控えていた。

## 0860 in [alla] presenza di + 名詞

～の面前で、～のいる前で、～と向かい合って

▶ Ho giurato di dire la verità **in presenza del** giudice.

私は、裁判官の面前で真実を述べることを誓った。

## 0861 in previsione di + 名詞

～に備えて、～を見越して、～を予想して

▶ **In previsione dell'**acquazzone, abbiamo portato con noi un ombrello.

にわか雨に備えて、私たちは傘を持ってきた。

## 0862 in prima linea

トップの、第一線の、最前線の

▶ L'azienda di Piero è **in prima linea** nel campo dei semiconduttori.

ピエーロの会社は、半導体の分野でトップに立つ。

**0863** **in prima persona**

本人が、先頭に立って、直接に

▶ Gianni ha organizzato quella riunione di protesta **in prima persona**.

ジャンニが先頭に立ってその抗議集会を企画した。

**0864** **in [di] primavera**

春に

▶ **In primavera** si scioglie la neve sulle montagne.

春には山々の雪が解ける。

**0865** **in privato**

非公式に、個人的に、内輪で、こっそりと

▶ Direttore, non possiamo parlare **in privato**?

社長、個人的にお話をさせていただけませんか？

**0866** **in proporzione a ＋ 名詞**

〜に比例して

▶ Le tasse si devono pagare **in proporzione al** reddito.

所得に比例して税金は支払われなければならない。

**0867** **in pubblico**

人前で、公衆の面前で、公然と

▶ Rocco ha litigato con la moglie **in pubblico**.

ロッコは人前で奥さんとけんかした。

**0868** **in punto**

まさに、ちょうど、きっかり

▶ Siamo entrati nel museo alle nove **in punto**.

私たちは9時ちょうどに博物館に入った。

### 0869 in qualche modo

なんとか、どうにかこうにか

▶ **In qualche modo** ho saputo presentarmi in italiano.

なんとかイタリア語で自己紹介することができた。

### 0870 in qualità di + 名詞

～として、～の肩書で

▶ Vito ha partecipato alla conferenza stampa **in qualità di** amministratore delegato.

ヴィートは代表取締役として記者会見に臨んだ。

### 0871 in quantità

たくさん、豊富に

▶ In Giappone i turisti stranieri potranno mangiare sushi **in quantità**.

日本で、外国人観光客はたくさん寿司を食べることができるだろう。

### 0872 in quanto + 名詞

～として

▶ **In quanto** amico ti sarò sempre vicino.

僕は、友人として、いつも君のそばにいるよ。

### 0873 in quanto + 直説法

～なので、～だから

▶ Al telefono risponderà il segretario **in quanto** oggi il direttore è assente.

本日は部長が不在ですので、秘書が電話に出る予定です。

### 0874 (in) quanto a + 名詞

〜に関しては、〜に関する限り

▶ **Quanto a** me, ho già deciso.

私はもう決めた。（私について言えば、もう決めた）

### 0875 in quel periodo

その頃、その時期に

▶ **In quel periodo** abitavo a Salerno.

その頃、私はサレルノに住んでいました。

### 0876 in questione

話題になっている、問題の、当該の、くだんの

▶ Il caso **in questione** non è così importante.

問題のケースはそれほど重要じゃない。

### 0877 in realtà

実際には、本当は

▶ Quella banca mi sembrava sana, ma **in realtà** aveva molti debiti.

その銀行は私には健全に思えたが、実際には多くの負債を抱えていた。

### 0878 in relazione a + 名詞

〜に関して、〜に関連して

▶ **In relazione al** ritardo dei lavori, il ministro non ha fatto commenti.

工事の遅れに関して、大臣はコメントしなかった。

### 0879 in [con] riferimento a + 名詞

〜に関して、〜について

▶ Ci saranno molte opinioni **in riferimento a** questo tema.

このテーマに関しては多くの意見があるだろう。

## 0880 in ritardo

遅れている、遅れて

▶ Il rapido delle dieci e mezzo è **in ritardo**.

10時半の特急は遅れている。

## 0881 in segno di + 名詞

〜のしるしとして、〜の証として

▶ Paolo ha frequentato la chiesa per un mese **in segno di** penitenza.

パオロは悔悛のしるしとして、ひと月の間、教会に通った。

## 0882 in segreto

内緒で、こっそり、内密に

▶ Andrea frequenta Roberta **in segreto**.

アンドレーアはロベルタと内緒で付き合っている。

## 0883 in seguito

後になって、後ほど

▶ **In seguito** capii la ragione del suo rifiuto.

私は後になって彼の断りの理由が分かった。

## 0884 in seguito a + 名詞 // a seguito di + 名詞

〜の結果、〜の理由で、〜によって

▶ **In seguito all'**investigazione, due ragazzi sono stati arrestati.

捜査の結果、2人の少年が逮捕された。

## 0885 in serata

夕方、晩に

▶ In questo albergo **in serata** ci sarà un cocktail party.

このホテルでは夕方、カクテルパーティーが催される。

## 0886 in serie
大量生産の

▶ Ai buongustai non interessano i cibi prodotti **in serie**.
美食家たちは大量生産された食べ物に興味がない。

## 0887 in sintesi
要するに、要約すれば

▶ **In sintesi**, questo è il risultato del sondaggio.
要するに、これがアンケート調査の結果である。

## 0888 in somma
要するに、結局

▶ **In somma**, ci ho rimesso quattrocento euro.
結局、私は400ユーロ損をした。

## 0889 in sospeso
未決定の状態の、未処理の状態の

▶ Il pagamento della fattura è **in sospeso**.
請求書の支払が未処理のままになっている。

## 0890 in sostanza
要するに、つまり

▶ **In sostanza**, il presidente ha detto che l'obiettivo di questo semestre è aumentare le vendite.
要するに社長は、この6か月間の目標は売上を伸ばすことだと言ったんだ。

## 0891 in sostituzione di + 名詞
～の代わりに、～に代えて

▶ Oggi è venuto un supplente **in sostituzione del** solito insengante.
今日は、いつもの先生の代わりに臨時の先生が来た。

169

### 0892 (in) specie
特に、とりわけ

▶ In Giappone mi piacciono piccole città antiche, **specie** Takayama e Koyasan.

日本では、小さな古い町、とりわけ高山と高野山が私は好きだ。

### 0893 in stile ～
～様式の、～スタイルの

▶ Nella Galleria Borghese si possono ammirare molte statue **in stile** barocco.

ボルゲーゼ美術館では多くのバロック様式の彫刻を鑑賞することができる。

### 0894 in su
上に［を］、上の方に［を］；～から上 〈数・年齢〉

▶ Guarda **in su**! Sul soffitto ci sono dei meravigliosi affreschi.

上を見て！天井に素晴らしいフレスコ画があるよ。

▶ Questo film possono vederlo solo le persone dai quindici anni **in su**.

この映画は、15歳以上の人だけ見ることができる。

### 0895 in tandem (con + 名詞)
(～と) ペアで

▶ Il sindaco ha sviluppato il progetto **in tandem con** l'assessore.

市長は、議員とペアでその計画を進めた。

## 0896 in tempo

間に合って、遅れずに；時間通りに

▶ Siamo arrivati **in tempo** per partire.
私たちは出発に間に合った。

▶ Il volo charter è arrivato **in tempo** all'aeroporto.
チャーター機は時間通り空港に到着した。

## 0897 in tempo reale

リアルタイムで

▶ In questo bar si possono vedere i risultati delle partite **in tempo reale**.
このバールではリアルタイムで試合の結果を知ることができる。

## 0898 in tutto // in totale

全部で、合計で

▶ Quanto fa **in tutto**?
全部でおいくらになりますか？

## 0899 in tutto ＋ 名詞（場所）

〜中（じゅう）で
＊tutto は、続く名詞の性と数にあわせて語尾変化する。

▶ Quest'olio d'oliva si vende **in tutta** Italia.
このオリーブオイルはイタリア中で売られている。

## 0900 in tutto il mondo

世界中で、全世界で

▶ Questa canzone viene cantata **in tutto il mondo**.
このカンツォーネは世界中で歌われている。

## 0901 in un arco di tempo 〜

〜の期間に、〜の間に

▶ **In un** breve **arco di tempo**, il modo di pensare dei cittadini era cambiato.

短い時間の間に市民の考え方が変わってしまっていた。

## 0902 in un attimo

一瞬のうちに、すぐに、たちまち

▶ Il fantasma è sparito **in un attimo**.

幽霊は一瞬のうちに消えてしまった。

## 0903 in un baleno

一瞬のうちに、あっという間に

▶ La colf ha pulito la cucina **in un baleno**.

お手伝いさんはあっという間にキッチンを掃除した。

## 0904 in un batter d'occhio

またたく間に、あっという間に、一瞬のうちに

▶ **In un batter d'occhio**, si è accumulata molta neve.

またたく間にたくさん雪が積もった。

## 0905 in un boccone

一口で、ぺろりと

▶ La nonna ha mangiato una fetta di torta **in un boccone**.

祖母はケーキ一切れを一口で食べた。

## 0906 in un certo senso

ある意味では

▶ **In un certo senso** la sua opinione è giusta.

ある意味では、彼の意見は正しい。

### 0907 in un giorno

1日で

▶ È impossibile vedere Firenze **in un giorno**.
1日でフィレンツェを見るのは不可能だ。

### 0908 in un istante

一瞬のうちに

▶ Lo shinkansen ha attraversato la stazione **in un istante**.
新幹線はあっという間に駅を通過した。

### 0909 in una parola

ひと言で言えば

▶ **In una parola**, Umberto è un uomo molto onesto.
ひと言で言えば、ウンベルトはとても誠実な男だ。

### 0910 in via di + 名詞

～の途中の［で］、～に向かって

▶ A Silvia interessa studiare i paesi **in via di** sviluppo.
シルヴィアは発展途上国を研究することに興味がある。

### 0911 in vicinanza di + 名詞

～の近くに［で］

▶ I cittadini hanno manifestato **in vicinanza del** municipio.
市民たちは市役所の近くでデモをおこなった。

### 0912 in vigore

効力がある、有効な

▶ Queste regole sono ancora **in vigore**.
これらの規則はいまだに効力がある。

**0913** **in vista di** + 名詞

～を見据えて、～を間近にして

▶ **In vista delle** elezioni, quell'assessore ha visitato le scuole della città.

その市会議員は、選挙を見据えて、町の学校を訪問した。

**0914** **indifferente a** + 名詞

～に無関心な、～に冷淡な

▶ Enea è un uomo **indifferente a** ogni cosa.

エネーアは何事においても無関心な男だ。

**0915** **inferiore a** + 名詞

～より劣っている、～以下の

▶ La qualità della pizza di Milano è **inferiore a** quella di Napoli.

ミラノのピッツァの質はナポリのそれに劣っている。

**0916** **informare** + 人 + **di** + 名詞

人 に～を知らせる、通知する

▶ L'**ho informato del** risultato dell'esame.

私は彼に試験の結果を知らせた。

**0917** **iniziare a** + 不定詞

～し始める、～に着手する

▶ Emanuele **inizia a** studiare a tarda notte.

エマヌエーレは夜も更けて勉強し始める。

**0918** **innamorarsi di** + 名詞

～に恋をする、～に惚れる、～に夢中になる

▶ Patrizia **si è innamorata di** un ragazzo inglese.

パトリーツィアはイギリス人の男の子に恋をした。

**0919** **innanzi tutto**

何よりもまず、まず最初に、まず第一に

▶ **Innanzi tutto** ti devo spiegare la struttura di questa organizzazione.

まず最初に、この組織の構造を君に説明しておかなければならない。

**0920** **insegnare a ＋ 人 ＋ a ＋ 不定詞**

人 に〜することを教える

▶ Il professore **ci ha insegnato a** leggere il greco.

教授はギリシャ語の読み方を私たちに教えてくれた。

**0921** **insieme a ［con］＋ 名詞**

〜と一緒に、〜とともに

▶ Se potessi andare alle Hawaii **insieme a** te...

君と一緒にハワイへ行くことができたらなあ。

**0922** **insistere nel ［a］＋ 不定詞**

執拗に〜し続ける、繰り返し〜する

▶ Giacomo **insisteva nel** domandarmi quanti anni avessi.

ジャコモはしつこく私に何歳かと質問し続けた。

**0923** **intendere A per B**

B（という言葉）を A の意味で使う

▶ **Per** 'attrazione' non **intendo** 'amore'.

僕は、「魅力」という言葉を「恋愛」の意味では使わない。

（僕にとって、「魅力」というのは「恋愛」を意味しない）

**0924** **interessarsi di ［a］＋ 名詞**

〜に興味がある、〜に関心をもつ

▶ Giovanna **si interessa di** cucina etnica.

ジョヴァンナはエスニック料理に興味がある。

### 0925 **inteso a** ＋ 不定詞
　　〜を目的とした、〜を目指した

▶ Ieri a Kanazawa si è tenuto un evento **inteso a** diffondere il teatro noh.
昨日、能の普及を目的としたイベントが金沢で開催された。

### 0926 **intorno a** ＋ 名詞
　　① 〜の周りに［を］
　　② 約、およそ

▶ Ho piantato degli alberi **intorno a** casa mia.　＞①
私は家の周りに樹木を植えた。

▶ Il prezzo di questi orecchini è **intorno ai** cinquecento euro. ＞②
これらのイヤリングの価格はおよそ500ユーロです。

### 0927 **invece di** ＋ 名詞 / 不定詞
　　〜の代わりに；〜しないで

▶ **Invece di** mio padre, devo lavorare io.
父の代わりに私が働かなければならない。

▶ Lorenzo mi ha mandato un'e-mail **invece di** scrivere una lettera.
ロレンツォは私に手紙を書かないでメールを送ってきた。

### 0928 **invidiare** ＋ 名詞 ＋ **a** ＋ 人
　　人 の〜をうらやましいと思う

▶ Marcella **invidiava** molte cose **alla** sua amica Camilla.
マルチェッラは友だちのカミッラを多くのことでうらやんでいた。

### 0929 invitare ＋ 人 ＋ a ＋ 不定詞

人 に～するよう勧める、求める、誘う

▶ Il capo mi **ha invitato a** bere un bicchiere di spumante.
上司は私にスプマンテを1杯飲むよう勧めてくれた。

### 0930 invitare ＋ 人 ＋ a ＋ 名詞

人 を～に招待する

▶ I Putelli ci **hanno invitato a** cena.
プテッリ夫妻は私たちを夕食に招待してくれた。

### 0931 iscriversi a ＋ 名詞

～に入学する、加入する、登録する、参加を申し込む

▶ Matteo **si è iscritto a** una scuola d'arte.
マッテーオは美術学校に入学した。

### 0932 ispirarsi a ＋ 名詞

～にヒントを得る、～から着想を得る

▶ Questo quadro impressionista **si è ispirato alle** stampe ukiyoe giapponesi.
この印象派の絵画は、日本の浮世絵にヒントを得ている。

### 0933 l'altro giorno

先日

▶ **L'altro giorno** abbiamo incontrato la signora Rucci.
先日私はルッチ夫人に会いました。

### 0934 l'altro ieri

おととい

▶ **L'altro ieri** sono andata in piscina.
おととい私はプールへ行きました。

**0935** l'anno prossimo

来年

▶ **L'anno prossimo** mi sposerò con un ragazzo thailandese.

来年、私はタイ人の彼氏と結婚するでしょう。

**0936** l'anno scorso

去年

▶ **L'anno scorso** con le mie figlie ho visto il circo.

去年、私は娘たちと一緒にサーカスを見た。

**0937** la maggior parte di ＋ 名詞

大部分の～、大半の～

▶ In Giappone **la maggior parte delle** fragole viene coltivata in serra.

日本では、大部分のイチゴがハウスで栽培されている。

**0938** la verità è che ＋ 直説法

実を言うと～だ、実は～だ

▶ **La verità è che** io sono già sposata.

実を言うと私はもう結婚しているんです。

**0939** lamentarsi di ＋ 名詞 ＋ con ＋ 人

～について 人 に文句 [不平] を言う

▶ Al ristorante, Federico **si è lamentato del** servizio **con** il padrone.

レストランで、フェデリーコはサービスについて店主に文句をつけた。

**0940** **lasciare ＋ 不定詞**

〜のままにさせておく 〈使役動詞〉

▶ **Lascia**mi andare!

私を引きとめないで！

▶ La madre **ha lasciato** giocare sua figlia nel giardino.

母は娘を庭で遊ばせておいた。

**0941** **lasciare a desiderare**

不十分である、改善の余地がある、不満が残る

▶ Il servizio in camera di quest'albergo **lascia a desiderare**.

このホテルのルームサービスは不十分である。

**0942** **lasciare ＋ 名詞 ＋ alle spalle**

〜を振り返らない、〜を忘れる

▶ Renata **ha lasciato** il passato **alle spalle**.

レナータは過去を振り返らなかった。

**0943** **lasciare ＋ 名詞 ＋ fuori**

〜を除外する；仲間はずれにする

▶ **Abbiamo lasciato** il nome di Enzo **fuori** dall'elenco dei membri.

私たちは会員名簿からエンツォの名前を除外した。

**0944** **lasciare in pace ＋ 人**

人 をそっとしておく、放っておく、かまわないでおく

▶ **Lasciamo in pace** Maria. Si è appena separata dal fidanzato.

マリーアをそっとしておいてあげよう。恋人と別れたばかりだから。

### 0945 lasciare perdere
放っておく、やめておく、気にしないでおく

▶ È inutile parlare di quella cosa. **Lasciamo perdere**!
そのことについて話し合っても始まらない。やめておこう！

### 0946 lasciare stare （＋ 人）
（人 を）そっとしておく、放っておく；やめておく

▶ Ti prego, **lascia**mi **stare**!
お願い、私を放っておいて！

▶ Il problema di matematica era troppo difficile, quindi **ho lasciato stare**.
その数学の問題は難し過ぎたので、僕は（解くのを）やめた。

### 0947 lasciarsi andare a ＋ 名詞
〜に身をまかせる、〜のなすがままにする

▶ Ho prestato mille euro a un mio amico **lasciandomi andare alla** compassione.
私は、情にほだされて、友人に1,000ユーロを貸してしまった。

### 0948 lavarsene le mani di ＋ 名詞
〜から手を引く、〜から足を洗う

▶ Mi dispiace. **Di** quel problema **me ne lavo le mani**.
すみません、その問題から私は手を引きます。

### 0949 lavorare a maglia
編み物をする

▶ Quando ero piccolo, mia madre spesso **lavorava a maglia**.
私が小さい頃、母はよく編み物をしていた。

**0950** **lì dentro**

その中に

▶ **Lì dentro** ci dovrebbero essere i fazzoletti di carta.
その中にティッシュペーパーが入っているはずだけど。

**0951** **libero da ＋ 名詞**

〜がない；〜から［を］免れた、免除された

▶ Vorrei vivere una vita **libera dalle** preoccupazioni.
心配というもののない生活をしたいものだ。

**0952** **limitarsi a ＋ 名詞 / 不定詞**

〜だけにとどめる

▶ Al karaoke Carla **si è limitata a** cantare solo un pezzo.
カラオケでは、カルラはわずか1曲歌うだけにした。

**0953** **limitarsi in ＋ 名詞 / 不定詞（nel で）**

〜を自制する、抑える

▶ Questo mese, Mario vuole **limitarsi nelle** spese.
今月、マーリオは出費を抑えたい。

**0954** **lo ＋ essere**

そうである

▶ Renato sembra ricco, ma non **lo è**.
レナートは金持ちそうに見えるけど、そうではない。

**0955** **lo sai che ＋ 直説法**

〜なんだよ、知っているでしょ〜だってこと

▶ **Lo sai che** mi piace cogliere fiori nei campi?
私は野原で花を摘むのが好きなのよ。
（知ってるでしょ？私が野原で花を摘むのが好きだってこと）

181

**0956** **lo + sapere**

知っている、分かっている

▶ "Sai che Simona si trasferisce a Londra?"
"No, non **lo sapevo**."
「シモーナがロンドンに引っ越すって知ってる？」
「いや、知らなかった」

**0957** **lo stesso**

いずれにせよ、それでも、やはり；同じこと

▶ È inutile discuterne oltre. Il lavoro lo cambio **lo stesso**.
これ以上話し合っても無駄です。やはり私は転職します。

▶ Puoi scegliere tu. Per me è **lo stesso**.
君が選んでいいよ。僕にとっては同じことだから。

**0958** **lontano da + 名詞**

〜から遠い

▶ Castel del Monte è molto **lontano dalla** stazione ferroviaria.
カステル・デル・モンテは鉄道駅から非常に遠い。

**0959** **mai più**

二度と〜ない

▶ Non vedrò **mai più** quel ragazzo.
私はあの男の子と二度と会うつもりはない。

**0960** **man mano che + 直説法**

〜するにつれて

▶ **Man mano che** le città si espandono, la campagna si restringe.
都市が拡大するにつれて、田舎が縮小していく。

**0961** **marea di** + 名詞

〜の波

▶ I turisti stranieri si sorprendono sempre della **marea di** gente alla stazione di Shinjuku.

外国人観光客はいつも新宿駅の人の波に驚く。

**0962** **meglio che niente**

ないよりましだ

▶ "Alla fiera ho vinto un pacchetto di caramelle."
"**Meglio che niente**."

「フェアー（市）でキャンディーが1箱当たった」
「何もないよりましだね」

**0963** **meglio di** ~

〜より良く

▶ Mio fratello vive **meglio dei** miei genitori.

弟（兄）は両親よりも良い暮らしをしている。

**0964** **meno** ~ **che** ...

... ほど〜でない

▶ Leonardo mangia **meno** riso **che** pane.

レオナルドはパンほど米を食べない。

**0965** **meno** ~ **di** ...

... ほど〜でない

▶ Francesca è **meno** alta **di** Monica.

フランチェスカはモーニカほど背が高くない。

### 0966 meno male che ＋ 直説法
〜で良かった

▶ **Meno male che** non ha piovuto.
雨が降らなくて良かった。

### 0967 mettercela tutta
頑張る、懸命に取り組む

▶ Come insegnante, **ce la metterò tutta** affinché possiate capire bene l'italiano.
皆さんがイタリア語をよく理解できるよう、教師として頑張ります。

### 0968 metterci
（人が時間を）かける

▶ **Ci ho messo** due ore per venire qua.
私はここに来るのに2時間かかりました。

### 0969 metterci la mano sul fuoco
保証する、断言する、太鼓判を押す

▶ Lucio non ti tradirà. **Ci metterei la mano sul fuoco**.
ルーチョは君を裏切りはしない。私が断言しよう。

### 0970 mettere ＋ 名詞 ＋ a bagno
〜を浸す、濡らす、水につける

▶ **Mettete** i ceci **a bagno** per otto ore.
ひよこ豆は8時間水につけておいてね。

### 0971 mettere ＋ 名詞 ＋ a disposizione di ＋ 人
〜を 人 の自由に使用させる

▶ Amedeo **ha messo** la sua villa **a disposizione dei** suoi amici.
アメデーオは自分の別荘を友人たちに自由に使わせた。

184

## 0972 mettere a fuoco ＋ 名詞

〜に（レンズの）ピントを合わせる ; 〜を明確にする、〜に焦点を絞る

▶ Dovete **mettere a fuoco** i pregi di questo prodotto.
君たちはこの製品の長所を明確にすべきだ。

## 0973 mettere a nudo ＋ 名詞

〜を明るみに出す、暴く

▶ Quella rivista **ha messo a nudo** la vita privata di una famosa attrice.
その雑誌がある有名女優の私生活を暴いた。

## 0974 mettere a posto ＋ 名詞

〜をきちんとする、片付ける

▶ Ho parlato con Claudio e **ho messo a posto** quella questione che avevamo in sospeso.
私はクラウディオと話して、未解決のその問題を片付けた。

## 0975 mettere a punto ＋ 名詞

〜を調整する、まとめる、整える

▶ Il meccanico della Ferrari **ha messo a punto** una modifica al motore.
フェッラーリの整備士は、エンジンの手直しを完了した。

## 0976 mettere a rischio ＋ 名詞

〜を危険にさらす、危うくする

▶ Non **mettere a rischio** la tua famiglia.
君の家族を危険にさらしてはいけないよ。

## 0977 mettere ＋ 名詞 ＋ a tacere
人 を黙らせる；〜についての発言を抑える、〜をもみ消す

▶ Il maestro **ha messo** gli studenti **a tacere**.
先生は生徒たちを黙らせた。

▶ Il sindaco ha voluto **mettere a tacere** il problema dei rifiuti.
市長はごみ問題についての発言を抑えたかった。

## 0978 mettere da parte ＋ 名詞
〜をとっておく、貯めておく、貯金する

▶ Solo in un anno, Giovanni **ha messo da parte** tanti soldi.
たった1年でジョヴァンニはたくさんの金を貯めた。

## 0979 mettere fine a ＋ 名詞
〜を終わらせる

▶ Il trattato di pace **ha messo fine al** lungo conflitto tra quei due paesi.
平和条約がその二ヵ国間の長い間の紛争を終わらせた。

## 0980 mettere ＋人＋ in allarme
人 を心配させる、不安にする

▶ La notizia del telegiornale mi **ha messo in allarme**.
テレビのニュースで私は心配になった。
（テレビのニュースが私を心配させた）

## 0981 mettere in atto ＋ 名詞
〜を実現する、〜を実行に移す

▶ Il governo **ha messo in atto** una politica assistenziale.
政府は福祉政策を実行した。

## 0982 **mettere in azione** ＋ 名詞

～を実行に移す、動かす

▶ È impossibile **mettere in azione** quel piano.

そのプランを実行に移すのは無理だ。

## 0983 **mettere in campo** ＋ 名詞

～を打ち出す、～を持ち出す

▶ Il direttore **ha messo in campo** una nuova strategia di marketing.

社長は新しいマーケティング戦略を打ち出した。

## 0984 **mettere in chiaro** ＋ 名詞

～をはっきりさせる；～を明らかにする

＊相手との間で物事をはっきりさせる、相手に何かをはっきり言わなければならない時、この表現を使う。厳しい状況。

▶ Allora, **mettiamo in chiaro** le cose.

それじゃあ、こと（問題点）をはっきりさせようじゃないか。

## 0985 **mettere in circolazione** ＋ 名詞

～を流通させる、流布させる

▶ Non si devono **mettere in circolazione** delle informazioni errate.

間違った情報は流布されてはならない。

## 0986 **mettere in commercio** ＋ 名詞

～を発売する

▶ Quell'azienda dolciaria **ha messo in commercio** un nuovo gelato.

その菓子メーカーは新しいジェラートを発売した。

## 0987 mettere + 名詞 + in disordine

〜を散らかす、混乱させる

▶ I bambini **mettono** sempre la casa **in disordine**.

子どもたちはいつも家を散らかす。

## 0988 mettere in dubbio + 名詞

〜を疑う

▶ **Ho messo in dubbio** ciò che diceva quell'analista.

私はそのアナリストの言っていることを疑った。

## 0989 mettere in luce + 名詞

〜を明るみに出す、はっきりさせる

▶ Gli investigatori **hanno messo in luce** la verità.

刑事たちは真実を明るみにした。

## 0990 mettere in moto + 名詞

〜を動かす、始動させる

▶ In caso di blackout bisogna **mettere in moto** il generatore d'emergenza.

停電時には非常用発電機を始動させる必要がある。

## 0991 mettere in ordine + 名詞

〜を片付ける、整理する

▶ Non **metto in ordine** la mia camera da tanto tempo.

私は長い間、自分の寝室を整理していない。

## 0992 mettere in pratica + 名詞

〜を実行に移す、実践する

▶ Il piano deve **essere messo in pratica**.

計画は実行に移されなければならない。

### 0993 mettere in relazione A con B
A を B と関連づける

▶ Lo studente **ha messo in relazione** la sua tesi **con** la teoria del professore.

その学生は自分の論文を教授の理論と関連づけた。

### 0994 mettere in rilievo ＋ 名詞
〜を浮き彫りにする、強調する、際立たせる

▶ Il sondaggio **ha messo in rilievo** la differenza tra la città e la campagna.

調査は都市と田舎の格差を浮き彫りにした。

### 0995 mettere in scena ＋ 名詞
〜を上演する

▶ Questa primavera il kyogen **viene messo in scena** a New York.

この春、ニューヨークで狂言が上演される。

### 0996 mettere in vendita ＋ 名詞
〜を売りに出す

▶ Mattia **ha messo in vendita** la sua casa.

マッティーアは自分の家を売りに出した。

### 0997 mettere le mani su ＋ 名詞
〜を盗む

▶ Il giornalista **ha messo le mani sui** documenti segreti.

ジャーナリストが機密文書を盗んだ。

### 0998 mettere le radici
根を下ろす、定着する

▶ Ormai **abbiamo messo le radici** in questa città.

我々はもうこの町に根を下ろしている。

**0999** **mettersi a** + 名詞 / 不定詞

　　　～に着手する、取りかかる；～し始める

▶ **Ci siamo messi al** lavoro.

　　私たちは仕事に取りかかった。

▶ Dovete **mettervi** subito **a** lavorare.

　　君たちはすぐに仕事を始めなければならない。

**1000** **mettersi [sedersi] a tavola**

　　　食卓につく

▶ **Mettiamoci a tavola**!

　　みんな、食卓につきましょう！

**1001** **mettersi al passo con** + 名詞

　　　～にマッチする、～と歩調を合わせる；～を取り入れる

▶ Il nuovo teatro kabuki **si è messo al passo con** i gusti dei giovani.

　　新作歌舞伎は若者の感覚にマッチした。

▶ All'Italia interessa **mettersi al passo con** la produzione di energia eolica.

　　イタリアは風力発電の導入に関心を寄せている。

**1002** **mettersi d'accordo**

　　　妥協する；折り合いがつく

▶ Finalmente io e Nanni **ci siamo potuti mettere d'accordo**.

　　ついに私とナンニは妥協することができた。

▶ Io e Filippa **ci siamo messe d'accordo** per andare al cinema.

　　私とフィリッパは映画を見に行くことに決めました。

　　＊いつ何時にどこで待ち合わせて行くかという段取りも含めて決めたという意味。

## 1003 mettersi in comunicazione con ＋ 名詞

～と連絡を取る

▶ Da ieri mattina non posso **mettermi in comunicazione con** Mauro.

昨日の朝からマウロと連絡が取れない。

## 1004 mettersi [tenersi] in contatto con ＋ 名詞

～と連絡を取る、接触する

▶ Il presidente della ditta **si è messo in contatto con** un commerciante.

社長は業者と連絡を取った。

## 1005 mettersi in fila // mettersi in coda

行列に並ぶ、整列する

▶ L'ingresso è affollato. Dobbiamo **metterci in fila**.

入口が混雑している。私たちは並ばなければならない。

## 1006 mettersi in moto

（他者の利益になるように）努力する、尽力する、頑張る

▶ Il governo **si è messo in moto** per aiutare i profughi.

政府は難民救済のため尽力した。

## 1007 mettersi in salvo

避難する、難を逃れる

▶ Mi sono nascosto dietro la porta per **mettermi in salvo**.

私は難を逃れるために、門の陰に隠れた。

## 1008 mettersi nelle mani di ＋ 人

人 を信頼する、あてにする

▶ Lauro è sospettoso. Non **si metterebbe nelle mani di** nessuno.

ラウロは疑い深い。誰も信頼していないだろう。

### 1009 mi raccomando

頼むから、お願いだから

▶ Stai calmo, **mi raccomando**!

頼むから、落ち着いて！

### 1010 mi sa che ＋ 直説法

たぶん〜だろう、〜のような気がする

▶ **Mi sa che** arriveremo tardi.

たぶん私たちは遅れるでしょう。

### 1011 mica male

まあまあである、悪くない

▶ "Ciao, Alfredo. Come stai?"
"**Mica male**, grazie."

「やあ、アルフレード、ごきげんいかが？」
「まあまあです。ありがとう」

### 1012 migliaia di ＋ 名詞

たくさんの〜、無数の〜

▶ **Migliaia di** persone avranno visto quella partita alla televisione.

たくさんの人々がテレビでその試合を観戦したことだろう。

### 1013 migliore di ＋ 名詞

〜より良い

▶ Questo prosciutto è **migliore di** quello che ho comprato al mercato aperto.

この生ハムは青空市場で買ったものより質がいい。

**1014** **morire di ＋ 名詞**

〜で死ぬ

▶ Durante la seconda guerra mondiale, molti soldati **sono morti di** fame.

第二次世界大戦中、多くの兵士たちが餓死した。

**1015** **nascere con la camicia**

恵まれている、幸運に生まれつく

▶ Carlo **è nato con la camicia**.

カルロは幸運な星のもとに生まれた。

**1016** **né A né B**

AもBもない、AでもBでもない

▶ Ora non voglio bere **né** caffè **né** tè.

私は今、コーヒーも紅茶も飲みたくない。

**1017** **negli ultimi tempi**

最近、近頃

▶ **Negli ultimi tempi** Fernando non ha tanta energia.

最近、フェルナンドはあまり気力がない。

**1018** **nei confronti di ＋ 人**

人に対して、人について

▶ Dobbiamo essere accoglienti **nei confronti degli** ospiti.

私たちは、お客様に対してもてなしの気持ちを持たなければならない。

**1019** **nei pressi di ＋ 名詞**

〜の近くに［で］

▶ C'è stato un omicidio **nei pressi della** stazione.

駅の近くで殺人事件があった。

### 1020 nel caso che ＋ 接続法
〜の場合には

▶ **Nel caso che** vinca l'Inter, vi offrirò la cena volentieri.
インテルが勝利した場合には、私は喜んで皆さんに夕食をごちそうします。

### 1021 nel corso di ＋ 名詞
〜の間に、〜の中で

▶ **Nel corso degli** anni Rodrigo ha cambiato lavoro molte volte.
何年もの間に、ロドリーゴは幾度も転職した。

### 1022 nel cuore di ＋ 名詞
〜の中心に

▶ Generalmente il duomo si trova **nel cuore della** città.
一般的に、ドゥオーモは町の中心にある。

### 1023 nel frattempo
その間に、そうこうするうちに

▶ **Nel frattempo** verrà servita la cena.
その間に、夕食が用意される予定だ。（夕食が整う予定だ）

### 1024 nel giro di ＋ 名詞（期間）
〜の間に

▶ Ci sono stati quattro incendi dolosi **nel giro di** un mese.
放火がひと月の間に4回あった。

### 1025 nel momento in cui ＋ 直説法
〜した矢先に、ちょうど〜した時に、〜した途端に

▶ Sono stato fermato da un mio amico **nel momento in cui** prendevo un taxi.
私は、ちょうどタクシーに乗ろうとしたその時、友人に呼び止められた。

### 1026 nel pieno di ＋ 名詞
〜の真っ盛りに、〜の真っただ中に

▶ Quel calciatore era **nel pieno delle** sue forze a venticinque anni.
あのサッカー選手は25歳の時が絶頂期だった。

### 1027 nel senso che ＋ 直説法
〜という意味において

▶ Questo pittore è molto importante, **nel senso che** le sue opere hanno cambiato la tendenza dell'arte contemporanea.
この画家の作品が現代芸術のトレンドを変えたという意味で、彼は非常に重要である。

### 1028 nell'ambito di ＋ 名詞
〜の範囲で、〜の分野で、〜の中で、〜において

▶ Abbiamo investito molti fondi **nell'ambito dello** sviluppo di nuove tecnologie.
私たちは新技術発展の分野で多くの資金を投じた。

### 1029 nell'arco di ＋ 名詞（期間）
〜の間に、〜の期間に

▶ La cultura di Kyoto si è raffinata **nell'arco dei** secoli.
京都の文化は何世紀もの間に洗練された。

### 1030 nell'interesse di ＋ 人
人 のために、 人 の利益になるように

▶ È **nel tuo interesse** che ti propongo quest'affare.
僕が君にこの取引をもちかけているのは、君の利益になるからなんだよ。

195

### 1031 nient'altro

他に何も〜ない

▶ Non c'è **nient'altro** da dire?

他に言うべきことは何もないですか？

### 1032 niente da fare

仕方がない、どうしようもない、打つ手がない

▶ **Niente da fare**. Piove forte. Non ho un ombrello. Non c'è nessuno qui.

仕方ないね。雨はひどい。傘は持ってない。ここには誰もいないし。

▶ Non c'è **niente da fare**. Dobbiamo rassegnarci.

どうしようもない。私たちはあきらめなければならない。

### 1033 non a caso

偶然ではなく、まぎれもなく

▶ **Non a caso** Giacomo ha passato l'esame.

ジャコモは偶然ではなく試験に合格した。

### 1034 non 〜 affatto

まったく〜ない、全然〜ない

▶ **Non** è **affatto** vero.

それはまったく真実ではない。

### 1035 non ... (altro) che ＋名詞 / 不定詞

〜以外は ... しない、〜ばかり ... している

▶ Leo **non** mangiava (**altro**) **che** patatine.

レオはフライドポテトしか食べなかった。

▶ Luigi **non** fa (**altro**) **che** guardare il suo smartphone.

ルイージはスマホばかり見ている。

### 1036 non andare giù a + 人

人にとって納得がいかない、受け入れられない

▶ Questo risultato **non mi va giù**.
この結論に私は納得がいかない。

### 1037 (non) appena ～

～するやいなや、～するとすぐに

▶ (**Non**) **appena** avrò finito il lavoro, andrò in palestra.
私は、仕事を終えたらすぐにジムに行くつもりです。

▶ **Appena** tornato a casa, ha fatto il bagno.
彼は家に帰るとすぐお風呂に入った。

### 1038 non avere parole

（落胆や謝罪の場面で）言葉がない

▶ Mi dispiace molto. **Non ho parole**.
たいへん申し訳ありません。言葉もありません。

### 1039 non avere parole per + 不定詞

（感謝や謝罪の気持ちを）言葉に表せない、どう言葉にしていい
か分からない

▶ **Non abbiamo parole per** ringraziarti.
私たちは言葉にできないほど君に感謝しています。

### 1040 non avere peli sulla lingua

ずけずけとものを言う、はっきりものを言う

▶ I bambini **non hanno peli sulla lingua**.
子供というのはずけずけものを言う。

## 1041 non c'è male

まあまあである

▶ "Ciao, Marco. Come stai?"
**"Non c'è male**."
「やあマルコ。ごきげんいかが？」
「まあまあだね」

## 1042 non è altro che + 名詞

〜に他ならない

▶ Lo yukata **non è altro che** un kimono estivo.
浴衣は夏の着物に他ならない。

## 1043 non è che + 接続法

〜というわけではない、〜というのではない

▶ **Non è che** Luca voglia smettere il lavoro.
ルーカは仕事をやめたいわけではない。

## 1044 non è il caso che + 接続法

〜する必要はない、〜するのは良くない

▶ **Non è il caso che** tu pianga quando sei rimproverato dal maestro.
君は先生に叱られて泣くことなんかないよ。

## 1045 non essere da meno di + 人

人 に劣らない、人 にひけを取らない

▶ Matteo cucina molto bene. **Non è da meno di** molti cuochi professionisti.
マッテーオはとても料理が上手だ。多くのプロの料理人に劣らない。

## 1046 non fa niente [nulla]

何でもない、かまわない、気にしない

▶ "Mi dispiace, sono arrivato tardi."
"**Non fa niente**."

「申し訳ない、到着が遅くなった」
「かまわないよ」

## 1047 non A ma B

A ではなく B

▶ Alessandro **non** è intelligente, **ma** furbo.

アレッサンドロは頭が良いのではなく、ずる賢いのだ。

## 1048 non ～ mai

今まで一度も～したことがない；決して～ない

▶ **Non** sono **mai** andato in Germania.

私は今まで一度もドイツに行ったことがない。

▶ **Non** dimenticherò **mai** la vostra ospitalità.

私は皆さんの手厚いもてなしを決して忘れません。

## 1049 non ～ mica

全然～でない、少しも～でない

▶ Quella storia **non** è **mica** vera.

その話はまったく嘘だ。(その話はまったく真実でない)

## 1050 non ～ molto

あまり～ない、それほど～ない

▶ Luigi **non** è **molto** diligente.

ルイージはあまり勤勉でない。

## 1051　non ~ neanche [nemmeno / neppure]

〜さえもない、〜すらない

▶ Quel malato **non** può mangiare **neanche** la zuppa.

その病人はスープさえも飲めない。

## 1052　non ~ per niente / non ~ per nulla

全然〜ない、決して〜ない

▶ **Non** ti credo **per niente**.

私は君をまったく信じていない。

## 1053　non ~ più

もう〜ない、もはや〜でない

▶ Ho bevuto troppo. **Non** voglio **più** vino.

飲み過ぎた。僕はもうワインは欲しくない。

## 1054　non ~ più di [che] tanto

それほど〜でない、あまり〜でない

▶ Con mio fratello **non** litigo **più di tanto**.

私は、弟とはそれほどけんかをしない。

## 1055　non potere far altro che ＋ 不定詞

〜せざるをえない、〜するしかない

▶ **Non potevo far altro che** ringraziarti.

私は君に感謝せずにはいられなかった。

## 1056　non potere fare a meno di ＋ 不定詞

〜せずにはいられない、どうしても〜してしまう

▶ Quando sento questa musica, **non posso fare a meno di** ballare.

この音楽を聴くと、私は踊らずにはいられない。

## 1057 non poterne più di + 名詞

もう〜に我慢できない、耐えられない

▶ **Non ne posso più di** questa situazione.

僕はもうこんな状況には耐えられない。

## 1058 non resta che + 不定詞

〜するしかない、〜以外ない、ただ〜するだけだ

▶ **Non** mi **resta che** seguire le indicazioni del medico.

私は医師の指示に従うしかない。

## 1059 non sapere come fare a + 不定詞

どうやって〜していいか分からない

▶ La madre di Marisa **non sapeva come fare a** mandare un'e-mail.

マリーザの母はどうやってEメールを送っていいのか分からなかった。

## 1060 non sapere cosa farsene di + 名詞

〜はいらない

▶ Sono vegetariano. **Non so cosa farmene di** questo libro sui salami.

僕はベジタリアン。このサラミに関する本は僕にはいらない。

## 1061 non sempre

必ずしも〜なわけではない、いつも〜とは限らない

▶ Quello che dice Federico **non** è **sempre** giusto.

フェデリーコの言うことが必ずしも適切だとは限らない。

## 1062 non si sa mai（〜）

〜かどうか誰も分からない、何が起こるか分からない

▶ Ormai in questo mondo **non si sa mai** cosa possa succedere.

今やこの世界では何が起こるか分かったものじゃない。

▶ Prendo l'ombrello che **non si sa mai**.

傘を持って行くよ、念のために。

## 1063 non solo [soltanto] A ma (anche) B

A だけでなく B も

▶ Il figlio di Alfredo ha voluto **non solo** i biscotti **ma anche** le caramelle.

アルフレードの息子はビスケットだけでなくキャンディーも欲しがった。

## 1064 non vedere l'ora di ＋ 不定詞

〜したくてたまらない、〜するのが待ち遠しい

▶ **Non vedo l'ora di** incontrarla.

僕は彼女に会いたくてたまらない。

## 1065 o meglio

言い換えると、もっと正確に言えば；いやむしろ

▶ Gli spaghetti sono nati in Italia, **o meglio**, nel Sud d'Italia.

スパゲッティは、イタリアで、いやもっと正確に言えば南イタリアで誕生した。

## 1066 〜 o [oppure] meno

〜か否か

▶ Andare al mare **o meno** dipenderà da che tempo fa domani.

海に行くか行かないかは明日の天気次第だ。

### 1067 obbligare ＋ 人 ＋ a ＋ 不定詞

人 に〜することを余儀なくする、人 に〜するよう強制する

▶ Il riscaldamento globale ci **obbliga a** cambiare la nostra consapevolezza dell'ambiente.

地球の温暖化が私たちに、環境への意識を変えることを余儀なくしている。(地球の温暖化により、私たちは環境への意識を変えざるをえない)

### 1068 occuparsi di ＋ 名詞

〜に従事する、〜の仕事をする、〜に専念する；〜の世話を焼く

▶ Mio cugino **si occupa di** commercio internazionale.

私のいとこは貿易の仕事に従事している。

### 1069 offendersi per ＋ 名詞

〜に気を悪くする、〜に腹を立てる

▶ Franca **si è offesa per** l'atteggiamento del commesso.

フランカは男性店員の態度に気を悪くした。

### 1070 oggi come oggi

最近は、今は

▶ **Oggi come oggi** i giovani non trovano lavoro.

最近、若者は仕事を見つけられない。

### 1071 ogni anno

毎年

▶ Nicola cambia lavoro **ogni anno**.

ニコーラは毎年転職している。

### 1072 ogni giorno

毎日

▶ Milena frequenta la palestra **ogni giorno**.
ミレーナは毎日ジムに通っている。

### 1073 ogni quanto

どれくらいの頻度で

▶ **Ogni quanto** viene l'autobus per la stazione centrale?
中央駅行きのバスはどれぐらいの間隔で来ますか？

### 1074 ogni specie di + 名詞
### // tutte le specie di + 名詞

あらゆる種類の〜

▶ In questo negozio si vende **ogni specie di** sigaro.
この店ではあらゆる種類の葉巻を売っている。

### 1075 ogni tanto

時々

▶ **Ogni tanto** Claudia fa jogging al parco.
クラウディアは時々、公園でジョギングをする。

### 1076 ogni volta che + 直説法

〜するたびに、〜する時はいつでも

▶ **Ogni volta che** passo dai nonni, porto loro qualche souvenir.
祖父母の家に寄るたびに、私は何かおみやげを持っていく。

### 1077 oltre a [di] + 名詞

〜の他に、〜以外に、〜に加えて

▶ **Oltre al** sakè, i turisti italiani hanno bevuto lo shochu.
イタリア人旅行者たちは、日本酒の他に焼酎を飲んだ。

## 1078 oltre che + 名詞

〜のみならず

▶ In questo lago si possono praticare lo sci nautico e il windsurf, **oltre che** la vela.

この湖ではヨットだけでなく水上スキーやウィンドサーフィンもできる。

## 1079 oltre tutto

その上、おまけに

▶ Franco è ricco e bello, e **oltre tutto** intelligente.

フランコは金持ちでハンサム、おまけに頭がいい。

## 1080 opporsi a + 名詞

〜に反対する、異議を唱える

▶ Stefano **si oppone alla** decisione dei suoi genitori.

ステーファノは両親の決定に反対している。

## 1081 ora che + 直説法 // adesso che + 直説法

〜した今では、〜であるからには

▶ **Ora che** ci penso bene, è proprio giusto ciò che hai detto.

そのことをよく考えてみると、君の言ったことが本当に正しい。

## 1082 ore [ora] di punta

ラッシュアワー

▶ Nelle **ore di punta**, c'è molto traffico in questa strada.

ラッシュアワーには、この道路は交通渋滞する。

## 1083 pagare alla romana

割り勘にする

▶ Quando mangiamo insieme, **paghiamo** sempre **alla romana**.

一緒に食事をする時は、私たちはいつも割り勘にしている。

### 1084 pagarla cara

大きな代償を払う

▶ Giovanni **la pagherà cara**, perché ha tradito la fiducia dei colleghi.

ジョヴァンニは大きな代償を払うだろう。同僚の信頼を裏切ったのだから。

### 1085 paragonare A a B

A を B にたとえる

▶ Se **paragoniamo** l'Italia **a** uno stivale, la Puglia corrisponde al tacco.

イタリアを長靴にたとえるなら、プーリア州はかかとにあたる。

### 1086 paragonare A con B

A を B と比較する、比べる

▶ È interessante **paragonare** il kabuki **con** il bunraku.

歌舞伎を文楽と比較することは興味深い。

### 1087 parallelo a ＋ 名詞

〜に平行の、〜に並行する

▶ Via Garibaldi è **parallela a** Corso Cavour.

ガリバルディ通りはカヴール大通りに平行して走っている。

### 1088 parere（a ＋ 人 ＋）che ＋ 接続法

（人 には）〜のように思える、〜みたいだ 〈非人称表現〉

▶ **Mi pare che** stia arrivando l'autobus.

バスはまもなく到着すると思う。

### 1089 pari a + 名詞

〜に相当する、〜と同じである、〜に等しい

▶ Le spese per il personale della mia ditta nel 2017 sono state **pari a** un milione di euro.

2017年の我が社の人件費は100万ユーロに相当した。（100万ユーロであった）

### 1090 parlare al telefono con + 人

人 と電話で話す

▶ Posso **parlare al telefono con** tuo padre?

君のお父さんと電話で話していいですか？

### 1091 parlare da solo

独り言を言う

＊solo は対象となる名詞の性と数にあわせて語尾変化する。

▶ La madre di Gemma **parla da sola** anche quando sta con qualcuno.

ジェンマのお母さんは誰かと一緒の時でも独り言を言う。

### 1092 parlare del più e del meno

あれこれ話す、雑談をする

▶ Io e Marcella **abbiamo parlato del più e del meno**.

私とマルチェッラはあれやこれや話した。

### 1093 parlare di + 名詞

〜のことを話す、〜について話す

▶ Gli anziani **parlano** spesso **della** salute.

お年寄りたちはしょっちゅう健康の話をする。

### 1094 parlare male di + 人

人 の悪口を言う、人 をけなす

▶ Non vorrei **parlare male degli** altri.

人の悪口は言いたくないなあ。

### 1095 partecipare a + 名詞

〜に参加する、関与する

▶ Sergio **ha partecipato all'**evento musicale della sua città.

セルジョは彼の町の音楽イベントに参加した。

### 1096 partire per + 名詞

〜へ出発する

▶ Domani mattina mia figlia **parte per** Londra.

明日の朝、私の娘はロンドンへ出発する。

### 1097 passare con il rosso

赤信号で渡る

▶ Non si deve **passare** l'incrocio **con il rosso**.

赤信号で交差点を渡ってはいけない。

### 1098 passare da + 名詞

〜のところに立ち寄る

▶ Mentre tornavo a casa, **sono passata da** Chiara.

家に帰る途中、私はキアーラのところ（家）に立ち寄った。

### 1099 passare di moda

流行遅れになる

▶ Ormai il cappotto con le spalline **è passato di moda**.

肩パット入りのコートは、今では流行遅れになった。

### 1100 passare la notte in bianco
徹夜する、一睡もしない

▶ **Ho passato la notte in bianco** per vedere le Olimpiadi alla tv.
私はオリンピックをテレビで見るため徹夜した。

### 1101 passare per ＋ 名詞
① ～を通る、～を通っていく
② ～と考えられている、～とみなされている、～として通る

▶ L'autobus no.12 **passa per** Piazza Duomo.  ＞①
12番のバスはドゥオーモ広場を通る。

▶ Questo quadro **passa per** un capolavoro, ma forse non lo è.  ＞②
この絵画は傑作と考えられているが、おそらくそうではない。

### 1102 passarla liscia
難をのがれる、刑罰をのがれる

▶ Fortunatamente all'esame **l'ho passata liscia**.
幸運にも僕はなんとか試験を乗り切った。

### 1103 passo (a) passo
一歩一歩、少しずつ

▶ Studiate l'italiano **passo a passo**.
皆さん、一歩一歩イタリア語を勉強してください。

### 1104 peggio di ～
～より悪く

▶ Le cose stanno **peggio di** prima.
状況は以前よりも悪い。

## 1105 **peggiore di** + 名詞
〜より悪い

▶ Questo salame è **peggiore di** quello che ho mangiato ieri.
このサラミは、昨日僕が食べたサラミよりも質が悪い。

## 1106 **pensare a** + 名詞
〜のことを考える、〜のことを思う

▶ Laura **pensa** sempre **al** suo fidanzato Gino.
ラウラはいつも恋人のジーノのことを考えている。

## 1107 **pentirsi di** + 名詞 / 不定詞
〜を後悔する、〜を悔いる

▶ Silvia **si è pentita di** avere sprecato così tanto denaro.
シルヴィアは、こんなにたくさんの金を無駄遣いしたことを後悔した。

## 1108 **per abitudine**
くせで、習慣で

▶ **Per abitudine** ogni domenica mi sveglio tardi.
習慣で私は毎週日曜日、朝寝坊してしまう。

## 1109 **per affari**
仕事で

▶ Qualche volta vado in Italia **per affari**.
私は時々、仕事でイタリアに行く。

## 1110 **per altro**
だがしかし、そうは言っても

▶ **Per altro**, Ruggero non potrebbe lasciare il suo lavoro.
そうは言ってもルッジェーロは仕事をやめられないだろうな。

**1111** **per bene**

　　まじめに、本気で、たっぷりと ; きちんとした、まじめな

▶ Il maestro ha rimproverato **per bene** gli studenti.
先生は本気で生徒たちを叱った。

▶ Bruno è un ragazzo **per bene**.
ブルーノはまじめな少年だ。

**1112** **per carità**

　　お願いだから、頼むから ; とんでもない

▶ **Per carità,** aspetta ancora un giorno solo!
お願いだから、あと1日だけ待ってくれ！

▶ "Grazie del vino."
"**Per carità!**"
「ワインをありがとう」
「いえいえ、とんでもない！」

**1113** **per caso**

　　たまたま、偶然に

▶ **Per caso** ho visto un incidente all'incrocio.
私は偶然、交差点で交通事故を目撃した。

**1114** **per conto di** + 人

　　人のために、人に代わって

▶ La madre ha scritto una lettera di ringraziamento **per conto di** suo figlio.
母は息子に代わって礼状を書いた。

211

**1115 per conto proprio**

自分ひとりで；自前で

▶ Dovrai andare in ospedale **per conto tuo**.

君はひとりで病院に行かなければならないよ。

**1116 per contro**

反対に、逆に、それに反して

▶ Filippo ha sostenuto quel partito, ma Giorgio, **per contro**, lo ha criticato.

フィリッポはその政党を支持したが、ジョルジョは反対にその政党を批判した。

**1117 per cortesia**

どうか、どうぞ、すみませんが

▶ **Per cortesia**, mi faccia vedere quella gonna nera.

すみませんが、あの黒のスカートを私に見せていただけますか？

**1118 per così dire**

言わば、言うなれば

▶ Il restauro di questa fontana è, **per così dire**, un investimento per il turismo.

この噴水の修復は、言わば、観光への投資である。

**1119 per curiosità**

好奇心から、物珍しさから

▶ **Per curiosità** ho chiesto a Nicola che lavoro facesse la sua ragazza.

僕は好奇心からニコーラに、彼の彼女が何の仕事をしているかを聞いた。

### 1120 per di più

おまけに、その上

▶ Mia zia mi ha fatto un regalo, e **per di più** mi ha offerto anche il pranzo.

叔母は私にプレゼントしてくれた上に、昼食までごちそうしてくれた。

### 1121 per eccellenza

この上なく、最高に；～と呼ぶにふさわしい、代表的な

▶ Il babà è il dolce napoletano **per eccellenza**.

ババはナポリ菓子の代名詞です。(ナポリを代表するお菓子です)

### 1122 per effetto di + 名詞

～の結果、～のために、～のせいで

▶ **Per effetto del** sedativo mi è passato il mal di denti.

痛み止めを飲んだ結果、私の歯の痛みは治まった。

### 1123 per [ad] esempio

たとえば

▶ **Per esempio**, Mauro e Gianni sono milanesi.

たとえば、マウロとジャンニはミラノっ子だよ。

### 1124 per farla corta [breve]

手短に言えば、かいつまんで言えば

▶ **Per farla corta**, Dario ha lasciato il lavoro.

手短に言えば、ダーリオは仕事をやめたんだよ。

### 1125 per favore

どうか、どうぞ、すみませんが

▶ Mantenete una distanza di almeno un metro, **per favore**.

どうか少なくとも1メートルの間隔を保ってください。

## 1126 per filo e per segno

詳細に、こと細かに

▶ Massimo ci ha spiegato quella vicenda **per filo e per segno**.

マッシモはその出来事を私たちに詳細に説明した。

## 1127 per fortuna

幸いにも、幸運にも、運よく

▶ **Per fortuna** non ho perso il treno!

幸いにも、僕は電車に乗り遅れなかった！

## 1128 per forza

しかたなく、いやいや、やむをえず

▶ Siccome pioveva, ho dovuto **per forza** prendere un taxi.

雨が降っていたので、私はしかたなくタクシーに乗った。

## 1129 per (il) lungo

縦に

▶ Tagliate cetrioli e melanzane **per il lungo**.

キュウリとナスは縦に切ってください。

## 1130 per il meglio

最も良い方向に、最も良い方法で

▶ L'iniziativa andrà sicuramente **per il meglio**.

きっとその企画は最も良い方向に進んでいくだろう。

## 1131 per il momento

さしあたり、とりあえず、今のところは

▶ **Per il momento** mi bastano solo questi libri.

今のところ、私はこの本だけで十分です。

## 1132 per il resto

その他のことについては、あとは

▶ La lezione di oggi è finita. **Per il resto** consultate il libro di testo!

本日の授業は終わりです。あとは、教科書を見ておいてください！

## 1133 per inciso

ついでに言うと、ちなみに、ところで

▶ **Per inciso,** anche la nostra scuola è stata fondata nel 1960.

ちなみに、私たちの学校も1960年に創設されました。

## 1134 per intero

全部、すっかり、完全に

▶ Devo presentare **per intero** le informazioni sul mio patrimonio.

私は自分の財産に関する情報を全部提示しなければならない。

## 1135 per iscritto

書面で、文書で

▶ Potete presentare le richieste **per iscritto**?

要望は書面で提出していただけますか？

## 1136 per l'appunto

まさしく、その通り

▶ Sì, il Duomo è **per l'appunto** il simbolo della nostra città.

そう、ドゥオーモは、まさしく私たちの町のシンボルです。

## 1137 per l'occasione

特別な時に、重要な行事で

▶ Mia nonna ci ha cucinato questo piatto **per l'occasione**.

私の祖母は特別な時に私たちにこの料理を作ってくれた。

215

## 1138 per la prima volta

初めて

▶ Ho visto la commedia dell'arte **per la prima volta**.

私は初めてコンメディア・デッラルテを見た。

## 1139 per (la) strada

途中で、道で

▶ Stamattina ho incontrato Anna **per strada**.

今朝、私は道でアンナに出会った。

## 1140 per lo meno

少なくとも

▶ Si devono pagare **per lo meno** cento euro per un posto in platea.

1階の正面席で観るには少なくとも100ユーロ払わねばならない。

## 1141 per lo più

たいてい、概して

▶ I nostri studenti sono **per lo più** stranieri.

私どもの学生はたいていが外国人です。

## 1142 per meglio dire

もっとはっきり言えば

▶ Sarà difficile, o **per meglio dire**, quasi impossibile risolvere quest'enigma.

この謎を解くことは困難、もっとはっきり言えば、ほとんど不可能であろう。

### 1143 per merito di + 名詞
～のおかげで

▶ **Per merito dei** vostri sforzi, abbiamo potuto firmare il contratto.
皆さんの努力のおかげで、私たちは契約に署名することができました。

### 1144 per mestiere
職業がら、商売がら、職業上

▶ **Per mestiere**, i giornalisti devono essere molto curiosi.
新聞記者は、職業がら、好奇心旺盛であるべきだ。

### 1145 per [a] mezzo di + 名詞
～によって、～を通じて

▶ Ho saputo quella notizia **per mezzo della** radio.
私はそのニュースをラジオで知った。

### 1146 per miracolo
奇跡的に

▶ **Per miracolo** una bambina è stata estratta da una casa crollata per il terremoto.
奇跡的に、地震で倒壊した家屋からひとりの女の子が救出された。

### 1147 per motivi di + 名詞
～の理由で

▶ **Per motivi di** famiglia, Nadia ha dovuto cambiare scuola.
家庭の事情で、ナーディアは転校しなければならなかった。

### 1148 per necessità
必要に迫られて、やむなく

▶ Cristiano ha venduto la sua casa **per necessità**.
クリスティアーノはやむなく自分の家を売った。

### 1149 per niente // per nulla

無償で；無駄に；つまらないことで

▶ Oggi ho lavorato **per niente**.

私は今日、無償で働いた。(ただ働きをした)

▶ Non tormentarti **per niente**.

つまらないことでくよくよするなよ。

### 1150 per non dire di + 名詞

～は言うまでもなく

▶ I giapponesi amano la pizza, **per non dire degli** italiani.

イタリア人は言うまでもなく、日本人だってピッツァが大好きだ。

### 1151 per ora

今のところ、さしあたり

▶ **Per ora** non mi serve un grembiule.

私は今のところエプロンが必要ではありません。

### 1152 per ore e ore

何時間も

▶ Mio padre legge il giornale **per ore e ore**.

私の父は何時間も新聞を読む。

### 1153 per paura di + 不定詞

～を恐れて

▶ **Per paura di** essere licenziati, loro non hanno potuto dire niente al capo.

彼らは首になることを恐れて、トップに何も言えなかった。

## 1154 per piacere

どうか、どうぞ、すみませんが

▶ Mi passi sale e pepe, **per piacere**?
すみませんが、塩とコショウをこちらに回していただけませんか？

## 1155 per poco

安く；危うく、もう少しで

▶ Lorenzo mi ha venduto la sua macchina **per poco**.
ロレンツォは自分の車を僕に安く売ってくれた。

▶ **Per poco** mi rubavano il portafoglio.
危うく財布を盗まれるところだった。

## 1156 per posta

郵便で

▶ Mi potrebbe spedire i documenti **per posta**?
書類を私に郵便で送っていただけますか？

## 1157 per primo

最初に、一番先に

▶ Devo arrivare in ufficio **per primo**.
私が最初にオフィスに行ってなければならない。

## 1158 per principio

主義として、モットーとして

▶ **Per principio** non mangiamo la carne.
私たちは主義として、肉を食べません。

### 1159 per quanto + 接続法

① 〜の限りでは　＊ときに直説法を用いることもある。
② たとえ〜であっても、〜にもかかわらず

▶ **Per quanto** ne sappia io, lui è un avvocato straordinariamente abile. >①
私の知る限りでは、彼はずば抜けて有能な弁護士だ。

▶ **Per quanto** sia povera, Roberta sorride sempre. >②
ロベルタは、たとえ貧しくても、いつも微笑んでいる。

### 1160 per quanto possibile

できる限り

▶ **Per quanto possibile** voglio risparmiare denaro.
私はできる限りお金を節約したい。

### 1161 per quanto riguarda + 名詞

〜に関しては

▶ **Per quanto riguarda** il matrimonio, non chiederò alcun consiglio ai miei genitori.
結婚に関して、私は両親になんらアドバイスを求めるつもりはない。

### 1162 (per) quanto tempo

どれくらいの間

▶ **Per quanto tempo** hai studiato ieri?
昨日、君はどれくらいの時間、勉強しましたか？

### 1163 per sbaglio

うっかり、間違って

▶ Anastasia ha portato a casa il quaderno di Carla **per sbaglio**.
アナスタージアはうっかりカルラのノートを家に持ち帰ってしまった。

## 1164 per scherzo
冗談で、ふざけて

▶ Quel ragazzo ha nascosto la borsa del suo amico **per scherzo**.
その少年はふざけて友だちのカバンを隠した。

## 1165 per sempre
永遠に

▶ Le sue gesta rimarranno **per sempre** nella memoria della gente.
彼の功績は永遠に人々の記憶に残るだろう。

## 1166 per telefono
電話で

▶ Hanno fissato un appuntamento **per telefono**.
彼らは電話で面会の約束をした。

## 1167 per tempo
朝早くに；前もって

▶ I nostri amici hanno fatto il check-out **per tempo**.
私たちの友人は朝早くにチェックアウトした。

▶ Sarebbe meglio preparare le valigie **per tempo**.
前もって旅行の支度をしたほうがいいかもね。

## 1168 per [in] terra
地面に

▶ Il soldato, colpito dal proiettile, è caduto **per terra**.
兵士は、弾丸に撃たれ、地面に倒れた。

## 1169 per [di] traverso
横に、斜めに、はすに

▶ Per fare un origami, bisogna piegare un foglio **per traverso**.
折り紙を作るには、紙を斜めに折る必要がある。

221

## 1170 (per) tutta la notte
一晩中、夜通し

▶ Cristina ha letto quel romanzo **per tutta la notte**.
クリスティーナは一晩中その小説を読んだ。

## 1171 per un lungo tratto
遠くまで

▶ La freccia ha volato **per un lungo tratto**.
矢は遠くまで飛んだ。

## 1172 per un momento
一瞬

▶ **Per un momento** ho sentito un forte dolore alla schiena.
私は、一瞬、強い痛みを背中に感じた。

## 1173 per un pelo
間一髪で、タッチの差で、紙一重で

▶ Me la sono cavata **per un pelo**.
私は間一髪で危機を乗り越えた。

## 1174 per un valore di + 金額
金額にして〜

▶ Dario ha comprato dieci bottiglie di vino, **per un valore di** duecento euro.
ダーリオは10本のワイン、金額にして200ユーロを買った。

## 1175 per via di + 名詞
〜が原因で、〜のために、〜のことで

▶ **Per via del** vento forte non possiamo uscire in barca.
強風で、私たちは出港できない。

**1176** **per volta**
　一度につき

▶ Enrico prende queste medicine due **per volta**.
エンリーコはこの薬を一度に2錠ずつ飲んでいる。

**1177** **perdere d'occhio** + 名詞
　～を見失う

▶ Il poliziotto **ha perso d'occhio** il borseggiatore che stava inseguendo.
警察官は追っていたスリを見失った。

**1178** **perdere di** + 名詞
　～が少なくなる、～が低下する、～を失う

▶ Nella società moderna le informazioni nuove **perdono** subito **di** valore.
現代社会では、新しい情報もすぐに価値がなくなる。

**1179** **perdere di vista** + 名詞
　人 を見失う、人 と会わなくなる；～への関心を失う、～を忘れかける

▶ Nella folla l'investigatore **ha perso di vista** il sospetto.
人ごみの中で刑事は容疑者を見失った。

▶ Sandro, non devi **perdere di vista** il tuo scopo!
サンドロ、自分の目標を忘れてはいけないよ！

**1180** **perdere il treno**
　列車に乗り遅れる

▶ Mi sono alzato presto per non **perdere il treno**.
列車に乗り遅れないように私は早く起きた。

### 1181 perdere la testa〈per ＋ 名詞〉
（〜に）我を忘れる；（〜に）夢中になる、冷静さを失う

▶ Roberto **perde la testa** facilmente.
ロベルトは簡単に我を忘れてしまう。

▶ **Ho perso la testa per** te.
僕は君に夢中だ。

### 1182 perdere tempo
時間を無駄にする

▶ Non voglio **perdere tempo** in chiacchiere.
私はおしゃべりで時間を無駄にしたくない。

### 1183 perdersi in un bicchier d'acqua
些細なことで迷う、慌てる

▶ **Mi sono perso in un bicchier d'acqua**.
私は些細なことで慌ててしまった。

### 1184 permettere〈a ＋ 人 ＋〉di ＋ 不定詞
（人 に）〜することを許す；〜することを可能にする

▶ Il presidente **ha permesso alla** segretaria **di** tornare a casa prima.
社長は秘書に、先に家に帰ることを許可した。

▶ Questa lavatrice **permette di** fare il bucato senza detersivo.
この洗濯機は洗剤なしで洗濯することを可能にする。

### 1185 permettersi di ＋ 不定詞
あえて〜する、勝手ながら〜する

▶ **Mi permetto di** rifiutare il Suo invito.
勝手ではありますが、あなたのご招待を辞退させていただきます。
（あなたのご招待を辞退させていただくことをお許しください）

**1186** pian piano

ゆっくりと、少しずつ

▶ Mirella **pian piano** versava la panna nel caffè.

ミレッラは生クリームをゆっくりとコーヒーに注いでいた。

**1187** pieno di + 名詞

〜でいっぱいの、〜に満ちた

▶ Questi studenti sono **pieni di** speranze.

この学生たちは希望に満ちている。

**1188** pieno zeppo

超満員の

▶ Il treno del fine settimana era **pieno zeppo**.

週末の電車は超満員だった。

**1189** più 〜 che ...

... よりも〜だ

▶ Grazia è **più** simpatica **che** bella.

グラーツィアは美しいというよりは感じがいい。

**1190** più che altro

特に、とりわけ；むしろ

▶ **Più che altro** è questo il problema importante.

特にこれが重要な問題である。

▶ Non sono venuto al mare per nuotare. **Più che altro** sono venuto per rilassarmi.

私は泳ぐために海に来たのではない。むしろリラックスするために来たのだ。

225

### 1191 più che mai

これまで以上に、以前にもまして

▶ La moda italiana di quest'anno è **più che mai** originale.

今年のイタリアンファッションはこれまで以上に斬新だ。

### 1192 più ～ di ...

... よりも～だ

▶ Francesco è **più** vecchio **di** me (di due anni).

フランチェスコは私よりも（2歳）年上だ。

### 1193 più in là

もっと向こうに、もっと遠くに

▶ Il Teatro alla Scala si trova **più in là** di Piazza del Duomo.

スカラ座はドゥオーモ広場のもっと向こうにある。

### 1194 più o meno

多かれ少なかれ；およそ、だいたい

▶ Tutti gli scultori italiani moderni sono **più o meno** influenzati da Bernini.

現代のイタリア人彫刻家はすべて、多かれ少なかれベルニーニの影響を受けている。

▶ La mia taglia è **più o meno** quarantotto.

僕のサイズはだいたい48です。

### 1195 più ～ più ...

～すればするほど ... だ

▶ **Più** guardo quella ragazza, **più** mi piace.

あの女の子を見れば見るほど、彼女を好きになる。

226

**1196 più tardi**

後ほど、あとで

▶ Ti chiamo **più tardi**.
あとで電話します。

**1197 più volte**

何度も

▶ Nonostante avessi chiamato **più volte** Rita, non mi rispondeva.
私は何度もリータに電話したけれど、返事がなかった。

**1198 piuttosto che 〜**

〜よりもむしろ

▶ Questa volta al museo vorrei vedere sculture **piuttosto che** quadri.
今回は美術館で絵画よりも彫刻が見たい。

**1199 poco dopo**

やがて、しばらくして

▶ **Poco dopo**, il temporale è passato.
しばらくして暴風雨は過ぎ去った。

**1200 poco fa**

少し前に

▶ Sono andato in bagno **poco fa**.
少し前にお手洗いに行きました。

**1201 poco meno di ＋ 名詞**

〜足らず

▶ In **poco meno di** dieci minuti la Juventus ha segnato tre gol.
10分足らずのうちにユヴェントゥスは3点取った。

**1202** **portare ＋ 名詞 ＋ a ＋ 不定詞**

... に～させる、... に～するよう仕向ける

▶ L'aumento della temperatura ci **porterà a** cambiare lo stile di vita.

気温の上昇によって私たちは生活スタイルを変えざるをえなくなろう。

（気温の上昇が私たちに生活スタイルを変えさせるだろう）

▶ Il riscaldamento globale **porta** i ghiacciai **a** sciogliersi.

地球温暖化によって氷河が解ける。

（地球温暖化が氷河を解かす）

**1203** **portare via ＋ 名詞**

～を持ち去る、運び去る、奪う

▶ Un corvo **ha portato via** il mio panino.

1匹のカラスが私のパニーノをさらっていった。

**1204** **preferire A a B**

B より A を好む

▶ Giuseppina **preferisce** la macedonia **alla** panna cotta.

ジュゼッピーナはパンナコッタよりフルーツサラダのほうが好きだ。

**1205** **preferire ＋ 不定詞 A ＋ piuttosto che ＋ 不定詞 B**

B するより A するほうを好む

▶ **Preferisco** scrivere **piuttosto che** leggere.

私は読むよりも書くほうが好きだ。

**1206** **pregare ＋ 人 ＋ di ＋ 不定詞**

人 に～してほしいと頼む

▶ Ti **prego di** non rivelare il mio segreto.

君、どうか僕の秘密を暴露しないでくれ。

## 1207 prendere a calci [a pugni] + 名詞

〜を蹴る［殴る］

▶ Quell'attore **prende** sempre **a calci** i paparazzi.

その俳優はいつもパパラッチを蹴飛ばす。

## 1208 prendere appunti

メモをとる、ノートする

▶ Durante la riunione non devi dimenticare di **prendere appunti**.

会議中、メモをとることを忘れてはいけないよ。

## 1209 prendere di mira + 人

人をつけねらう、人を攻撃の的にする

▶ La banda di criminali **prendeva di mira** quella ricca famiglia.

犯罪者の一味があの資産家一家をつけねらっていた。

## 1210 prendere forma

具体化する、形を成す

▶ Con questa nuova linea ferroviaria, **prende forma** il progetto urbano della capitale.

この鉄道新線によって、首都の都市計画は具体化する。

## 1211 prendere il sole

日光浴をする

▶ Agli italiani piace **prendere il sole**.

イタリア人たちは日光浴をするのが好きだ。

## 1212 prendere il treno [l'autobus / l'aereo]

電車［バス / 飛行機］に乗る

▶ Ha lampeggiato e tuonato proprio quando stavo per **prendere il treno**.

私がちょうど電車に乗ろうとしていた時に、稲妻が走り雷が鳴った。

**1213** **prendere il volo**
逃げる、消える；飛び立つ

▶ Dopo il furto, il ladro **ha preso il volo**.
泥棒は、盗みを働いて逃げた。

**1214** **prendere in affitto** ＋ 名詞
〜を賃借する

▶ Vorrei **prendere in affitto** questo bell'appartamento.
このきれいなアパートを借りたいものだ。

**1215** **prendere in considerazione** ＋ 名詞
〜を考慮する、〜を考える
＊上品な表現。否定形で用いる場合は強いニュアンスを帯びる。

▶ **Hai preso in considerazione** l'idea di abitare in Francia?
あなたはフランスに住むということを考えたことがありますか？

**1216** **prendere** [ricevere] **in deposito** ＋ 名詞
〜を預かる

▶ Se volete, possiamo **prendere in deposito** le vostre valigie.
ご希望なら、私どもでみなさんのスーツケースをお預かりできますよ。

**1217** **prendere in giro** ＋ 人
人 をばかにする、人 をからかう

▶ Aldo **prende** sempre **in giro** suo fratello.
アルドはいつも弟をばかにする。

**1218** **prendere in prestito** ＋ 名詞
〜を借りる

▶ **Ho preso in prestito** dei soldi dai miei genitori.
僕は両親からお金をいくらか借りた。

## 1219 prendere nota di + 名詞
～をメモする、～を記憶に留める

▶ Dovete **prendere nota di** quello che avete sentito.
君たちは聞いたことをメモしなければならない。

## 1220 prendere parte a + 名詞
～に参加する、出席する；～を分かち合う

▶ I membri del sindacato **hanno preso parte alla** riunione straordinaria.
労働組合員たちは臨時集会に参加した。

▶ I parenti **hanno preso parte al** dolore della vedova.
親族は夫を亡くした妻の悲しみを分かち合った。

## 1221 prendere una decisione
決定を下す、決心する

▶ Adesso non è il momento giusto per **prendere una decisione**.
今は、決定を下すには適切な時期じゃない。

## 1222 prendersi [avere] cura di + 名詞
～の世話をする

▶ Mi piace **prendermi cura degli** animali domestici.
私はペットの世話をするのが好きだ。

## 1223 preoccuparsi di [per] + 名詞
～を心配する、～を気にかける

▶ **Mi preoccupo** molto **del** suo stato mentale.
私は彼の精神状態がとても心配だ。

**1224** **preparare la tavola**
食事の準備をする
▶ Mia madre **ha preparato la tavola**.
母は食卓の準備をした。

**1225** **prepararsi a** [per] ＋ 名詞 / 不定詞
〜の準備をする、〜に備える
▶ Abbiamo dovuto **prepararci al** tifone.
私たちは台風に備えなければならなかった。
▶ Maria **si è preparata ad** accogliere gli ospiti.
マリーアは客を迎える準備をした。

**1226** **prima che** ＋ 接続法
〜する前に
▶ **Prima che** Ilaria arrivi, finiamo di preparare la festa.
イラーリアが来る前に、パーティーの準備を終えよう。

**1227** **prima di** ＋ 不定詞
〜する前に
▶ **Prima di** mangiare prendiamo un aperitivo.
食事の前に食前酒を飲みましょう。

**1228** **prima di** ＋ 名詞
〜までに；〜の前に；〜の手前に
▶ Ermanno ha finito i compiti **prima di** cena.
エルマンノは夕食までに［夕食前に］宿題を終えた。
▶ Massimiliano era arrivato alla stazione **prima di** me.
マッシミリアーノは私よりも前に駅に着いていた。
▶ Io prendo l'autobus due fermate **prima di** Piazza Duomo.
私はドゥオーモ広場の2つ手前の停留所でバスに乗ります。

### 1229 **prima di tutto**

何よりもまず、まず初めに

▶ **Prima di tutto** voglio ringraziare i miei amici.

何よりもまず、私は友人たちに感謝したい。

### 1230 **prima o poi**

遅かれ早かれ

▶ **Prima o poi**, Luciano diventerà famoso nel mondo dell'arte.

遅かれ早かれ、ルチャーノは芸術の世界で有名になるだろう。

### 1231 **privo di** + 名詞

～のない、～の欠けた

▶ Quel discorso è **privo di** senso.

その話は意味がない。

### 1232 **pro capite**

1人当たり（の）

▶ Quant'è la spesa pubblica **pro capite** in Italia?

イタリアでは1人当たりの公的支出はいくらですか？

### 1233 **proibire** + a + 人 + di + 不定詞

人 に～するのを禁止する

▶ Il preside **ha proibito agli** studenti **di** correre nel corridoio.

校長は生徒たちに廊下を走るのを禁止した。

### 1234 **provare a** + 不定詞

～してみる、試しに～する

▶ **Proverò a** chiamare l'ufficio immigrazione.

私は入国管理事務所に電話をかけてみます。

## 1235 proveniente da ＋ 名詞
~由来の、~から来た、~発の

▶ Questo è il treno **proveniente da** Ancona.
これはアンコーナ発の列車だ。

## 1236 provenire da ＋ 名詞
~から来る；~の出身である、~に由来する

▶ Queste ceramiche **provengono da** Faenza.
これらの陶器はファエンツァ産である。

▶ Carlo **proviene da** una nobile famiglia siciliana.
カルロはシチリア貴族の出だ。

## 1237 può darsi che ＋ 接続法
おそらく~だろう、~かもしれない

▶ **Può darsi che** Raffaello non venga domani.
おそらくラッファエッロは明日来ないだろう。

## 1238 pur ＋ ジェルンディオ
たとえ~であっても、~ではあるが

▶ **Pur** volendo, non potrei sposarmi con Valentina.
たとえ望んでも、私はヴァレンティーナと結婚することはできないだろう。

## 1239 pur di ＋ 不定詞
~するために、~するためなら

▶ **Pur di** restaurare il monumento, il comune ha raccolto offerte dagli abitanti.
その記念碑を修理するため、市は住民から寄付を集めた。

**1240　pur sempre**

そうは言ってもやはり、そうではあっても

▶ Fabio è sbadato, ma è **pur sempre** un brav'uomo.

ファービオはおっちょこちょいだが、そうは言ってもやはり優秀な男だ。

**1241　qua e là**

あちらこちらに、ところどころに

▶ In questa città ci sono cestini della spazzatura **qua e là**.

この町には、あちこちにゴミ箱がある。

**1242　qualche volta**

時々

▶ **Qualche volta** scrivo una pagina del mio diario.

私は時々、1ページ日記を書く。

**1243　qualcos'altro**

他に何か、何か他のもの

▶ Avete **qualcos'altro** da chiedere?

皆さん、何か他に聞きたいことはありますか？

**1244　qualcosa da ＋ 不定詞**

何か〜するもの、何か〜すること

▶ Vorrei **qualcosa da** bere.

何か飲み物が欲しいなあ。

**1245　qualunque ＋ 名詞 ＋ 接続法**

どんな〜であろうとも、たとえ〜しても

▶ **Qualunque** cosa dica Davide, non mi sorprende.

ダヴィデがどんなことを言おうとも、僕はそれに驚かない。

## 1246 quanto meno

せめて、少なくとも

▶ Se vai in Giappone, dovresti mangiare **quanto meno** il tempura.
君が日本に行くのなら、せめて天ぷらぐらい食べるべきじゃないかな。

## 1247 quanto più ～, tanto più ...

～すればするほど ... だ

▶ **Quanto più** si va in Italia, **tanto più** ci si vorrebbe tornare.
人はイタリアに行けば行くほど、また行きたくなる。

## 1248 quasi mai

めったに～でない

▶ Daniele non fuma **quasi mai**.
ダニエーレはめったにタバコを吸わない。

## 1249 quasi quasi

どうしよう～してしまおうかな、ほとんど～しようかと思っている
＊考えている最中の表現。

▶ **Quasi quasi** domani me ne resto a casa.
どうしよう、明日は家に居ようかなあ。

## 1250 quest'anno

今年

▶ **Quest'anno** un grande congresso internazionale si tiene nella mia città.
今年は私の町で大きな国際会議が開催される。

## 1251 qui su [sopra]

この上に

▶ Le valigie, mettiamole **qui su**.
スーツケースはこの上に置きましょう。

### 1252 qui vicino

この近くに、このあたりに

▶ Scusi, c'è una farmacia **qui vicino**?

すみません、この近くに薬局はありますか？

### 1253 rassegnarsi a ＋ 名詞

〜に甘んじる、〜に服する、〜と思ってあきらめる

▶ Giulia **si è rassegnata al** suo destino.

ジューリアは運命だと思ってそれに従った。

### 1254 recarsi a [in] ＋ 名詞

〜に赴く、行く、出かける

▶ **Ci siamo recati in** questura.

私たちは警察署に行った。

### 1255 relativo a ＋ 名詞

〜に関連する、〜に関係する、〜についての

▶ La polizia ha scoperto delle prove **relative al** caso.

警察はその事件に関連するいくつかの証拠を見つけた。

### 1256 rendere A（形容詞）＋ B

B を A（形容詞）にする

▶ "La vita è bella" **ha reso** famoso Roberto Benigni anche in Giappone.

「ライフ・イズ・ビューティフル」はロベルト・ベニーニを日本でも有名にした。

### 1257 rendere conto di ＋ 名詞 ＋ a ＋ 人

〜について人に報告する、釈明する

▶ L'automobilista **ha reso conto dell**'incidente **alla** polizia.

ドライバーは事故について警察に報告した。

**1258 rendere [fare] giustizia a + 名詞**

～を正当に評価する

▶ Vincere il concorso **ha reso giustizia al** suo talento.

コンクールでの勝利が彼の才能を正当に評価した。

**1259 rendere [fare] noto**

広める、流布する、普及させる

▶ La notizia **è stata resa nota** da quel giornale.

そのニュースはあの新聞から広まった。

**1260 rendere omaggio a + 名詞**

～に敬意を表する、～を称える

▶ Il 4 novembre gli italiani **rendono omaggio ai** caduti.

11月4日、イタリア人たちは戦没者を称える。

**1261 rendersi conto che + 直説法**

～に気づく、～が分かる

▶ Solo ora **mi rendo conto che** Rino ha lavorato bene.

今になってリーノがいい仕事をしたことが僕には分かる。

**1262 rendersi conto di + 名詞 / 不定詞**

～に気づく、～が分かる

▶ **Mi sono reso conto del** grosso problema.

私は重大な問題に気がついた。

▶ Letizia **si è resa conto di** aver sbagliato.

レティーツィアは間違ったことに気がついた。

**1263 resistere a + 名詞**

～に抵抗する、～に逆らう

▶ Da piccoli i figli **resistono** sempre **ai** genitori.

子供は小さい頃、常に両親に反抗するものだ。

238

**1264** **responsabile di** + 名詞

～に責任がある

▶ Giulio è **responsabile di** quello che ha fatto.

ジューリオは自分のしたことに責任がある。

**1265** **restare a pranzo [cena] con [da]** + 人

～と一緒に [～の家で] 昼食 [夕食] を食べていく

▶ Oggi non **resti a pranzo con** noi?

今日私たちと一緒に昼食を食べていかない？

**1266** **restare [rimanere] di stucco**

あっけにとられる、びっくりする

▶ **Sono restato di stucco** quando ho visto Diana con il kimono.

着物を着たディアーナを見た時、私はあっけにとられた。

**1267** **ricco di** + 名詞

～に富んだ、～が豊富な

▶ Queste verdure sono **ricche di** vitamina C.

これらの野菜はビタミン C が豊富です。

**1268** **ricordarsi di** + 名詞 / 不定詞

～を覚えている、～を思い出す

▶ **Mi ricordo** bene **del** viso di tuo padre.

君のお父さんの顔はよく覚えているよ。

▶ Non **mi ricordo di** aver cenato con loro.

私は、彼らと夕食をともにしたことが思い出せない。

**1269** **ricorrere a ＋ 名詞**
〜に助けを求める；〜の手段に訴える、〜に踏み切る

▶ Non sapendo cosa fare, Emilia **è ricorsa a** un esperto cardiologo.
エミーリアはどうしていい分わからなかったので、ベテランの心臓専門医に助言を求めた。

▶ Gli operai **sono ricorsi allo** sciopero.
労働者たちはストライキという手段に出た。

**1270** **ridursi a ＋ 名詞 / 不定詞**
（悪い状態）になる、〜するほど落ちぶれる

▶ Ugo **si è ridotto a** mendicare.
ウーゴは落ちぶれて物乞いをするようになった。

**1271** **riempire A di B**
B で A（容器など）を満たす、B を A（容器など）に詰め込む

▶ Puoi **riempire** questa bottiglia **di** acqua?
このボトルに水をいっぱい入れてくれる？

**1272** **riferirsi a ＋ 名詞**
〜のことを言う、〜に言及する；〜に関連する

▶ Io **mi riferisco al** tuo futuro.
私は君の将来のことを言っているんだよ。

▶ Questa cifra **si riferisce al** budget dell'anno scorso.
この金額は去年の予算に関連している。

**1273** **rifiutare di ＋ 不定詞**
〜することを断る、〜することを拒否する

▶ Luigi **ha rifiutato di** prestare la bicicletta al suo amico.
ルイージは自転車を友人に貸すことを断った。

**1274** **riflettere su** + 名詞

〜を熟考する、〜を反省する

▶ **Riflettiamo su** quello che il professore ci ha detto.
先生が私たちにおっしゃったことをよく考えてみましょう。

**1275** **riflettersi su** + 名詞

〜に映る、反射する ; 〜に影響を及ぼす、反映する

▶ Il padiglione d'oro **si riflette sulla** superficie del laghetto.
金閣寺（の姿）が池の水面に映っている。

▶ Il risultato delle elezioni **si riflette sul** clima politico generale.
選挙結果は政治状況全般に影響を及ぼす。

**1276** **riguardo a** + 名詞

〜に関して

▶ Vorrei una spiegazione **riguardo alla** bocciatura di mio figlio.
息子が落第したことに関して説明を求めたいのですが。

**1277** **rimanere [restare] a bocca aperta**

あ然とする、あっけにとられる

▶ **Sono rimasto a bocca aperta** vedendo il suo cambiamento.
彼の変わりようを見て、私はあ然とした。

**1278** **ringraziare** + 人 + **di** [per] + 名詞 / 不定詞

人 に〜を感謝する

▶ Devo **ringraziare** i miei amici **per** il regalo.
私は友人たちからのプレゼントに感謝しなければならない。

▶ La **ringrazio di** averci presentato il signor Ponti.
ポンティ氏を私たちにご紹介くださったことに対し、あなたに感謝致します。

## 1279 rinunciare a + 名詞 / 不定詞
〜を断念する、あきらめる、放棄する

▶ Ugo **ha rinunciato al** diritto di voto.
ウーゴは選挙権を放棄した。

▶ Quest'anno Silvio **rinuncia a** prendersi le vacanze.
シルヴィオは今年、バカンスを取ることをあきらめている。

## 1280 riprendere a + 不定詞
再び〜し始める、〜を再開する

▶ La scala mobile **ha ripreso a** funzionare.
エスカレーターは再び動き出した。

## 1281 risalire a + 名詞
(時間的に) さかのぼる

▶ L'introduzione del buddismo in Giappone **risale al** sesto secolo.
仏教の日本への伝来は6世紀にさかのぼる。

## 1282 riservato a + 名詞
〜専用の

▶ Il manager ci ha condotto in una stanza **riservata ai** vip.
支配人は私たちを VIP 専用ルームに案内した。

## 1283 rispetto a + 名詞
〜に関して、〜について；〜と比べて

▶ Vorrei dirti una cosa **rispetto al** tuo comportamento.
君の振る舞いについて一言君に言いたいんだけど。

▶ La Germania è fredda **rispetto all'**Italia.
ドイツはイタリアに比べて寒い。

**1284** rispondere a ＋ 名詞

〜に答える、〜に返事をする

▶ Quello scrittore **risponde a** tutte le lettere dai suoi lettori.

その作家は読者からの手紙すべてに返事を書いている。

**1285** riuscire a ＋ 不定詞

うまく〜できる、〜に成功する

▶ Nicola non **riesce a** esprimersi bene in giapponese.

ニコーラは日本語でうまく自分の考えを言い表せない。

**1286** rubare ＋ 名詞 ＋ a ＋ 人

人 から〜を盗む、奪う

▶ **Mi hanno rubato** il passaporto.

私はパスポートを盗まれた。（何者かが私からパスポートを盗んだ）

**1287** salire per ＋ 名詞

〜を上がる

▶ Dobbiamo **salire per** le scale.

私たちは階段を上がらなければならない。

**1288** saltare agli occhi

目立つ

▶ Il tuo vestito leopardato **salta agli occhi**.

君のヒョウ柄の洋服は目立っている。

**1289** saltare il pasto [il pranzo]

食事 [昼食] を抜く

▶ Ho dovuto **saltare il pranzo** perché ero molto impegnato con il lavoro.

仕事で忙しかったので、私は昼食を抜かなければならなかった。

## 1290 saltare [bigiare / bruciare / marinare] la scuola

学校をさぼる

▶ Il figlio di Gerardo **salta** spesso **la scuola**.

ジェラルドの息子はたびたび学校をさぼる。

## 1291 saltare su + 名詞

〜に飛び乗る

▶ Quel cane **salta** sempre **sul** divano.

その犬はいつもソファーに飛び乗る。

## 1292 salvare [perdere] la faccia

面目を保つ [面目を失う]

▶ Almeno **ho salvato la faccia**.

少なくとも私は面目を保った。

## 1293 salvare la pelle

命拾いをする

▶ C'è stato un incendio a casa nostra. Siamo scappati e **abbiamo salvato la pelle**.

我が家で火災が発生しましたが、私どもは逃げて命拾いをしました。

## 1294 salvare le apparenze

体裁を繕う、体裁をかまう、うわべを繕う

▶ Quella famiglia **salva** solo **le apparenze**.

その家族は体裁だけを繕っている。

## 1295 salvo che + 接続法

〜である場合を除いて、〜でない限り

▶ Andremo al concerto **salvo che** il tempo cambi improvvisamente.

天候が急変しない限り、私たちはコンサートに行きます。

## 1296 sano e salvo

困難を乗り越えて、なんとか、無事に

▶ Nonostante il maltempo, sono arrivato **sano e salvo**.

悪天候にもかかわらず、なんとか到着できた。

＊「無事に」は、日本語では「おかげさまで」というようなニュアンスがあるが、《sano e salvo》は、そういう意味ではなく「本当に困難な状況をクリアして」という意味で用いる。だから《Sono arrivato a sano e salvo.》と言ったら、相手は「え！何かあったの？」と聞いてくるはず。

## 1297 sapere di ＋ 名詞

〜の味がする、においがする

▶ Questo formaggio **sa di** muffa.

このチーズはカビのにおいがする。

## 1298 sbagliare a [nel] ＋ 不定詞

〜し損なう、〜し間違う

▶ Gli organizzatori **hanno sbagliato a** contare il numero dei partecipanti.

主催者たちは参加者の数をかぞえ間違った。

## 1299 sbrigarsi a ＋ 不定詞

急いで〜する

▶ **Sbrigati a** pulire la cucina.

急いで台所を掃除しなさい。

## 1300 scambiare A per B

AをBと間違える、AをBと思い違いする

▶ La maestra mi **ha scambiato per** Rodrigo.

先生は、僕をロドリーゴと間違えた。

**1301** **schierarsi da [con] ~**

~の側につく、~に味方する

▶ Non **mi schiero dalla** parte del gruppo di pressione.

私は圧力団体の側にはつきません。

**1302** **scommettere che** + 直説法

きっと~に違いない

▶ **Scommetto che** Francesco vincerà.

フランチェスコはきっと勝つに違いない。

**1303** **scommettere su** + 名詞

~に賭ける

▶ **Ho scommesso** la mia vita **su** quest'investimento.

私はこの投資に自分の人生を賭けた。

**1304** **scoppiare a** + 不定詞

急に~する、突然~し始める、思わず~する

▶ Federica **è scoppiata a** piangere.

フェデリーカは急に泣き出した。

**1305** **scrivere a mano [al computer]**

手で書く［パソコンで打つ］

▶ Con lo sviluppo del computer, sono diminuite le occasioni di **scrivere a mano**.

コンピューターの発達により、手で書く機会が減ってしまった。

### 1306 scusarsi di [per] + 名詞 / 不定詞
〜について謝る、〜について詫びる、〜を釈明する

▶ **Mi sono scusato per** il ritardo.
私は遅刻を詫びた。

▶ Elena **si è scusata di** non aver confermato la prenotazione.
エーレナは予約を確認しなかったことを謝った。

### 1307 se anche + 接続法
たとえ〜であるとしても

▶ **Se anche** Fernando studiasse molto, non potrebbe superare il suo rivale.
たとえフェルナンドがたくさん勉強したとしても、ライバルには勝てないだろう。

### 1308 se fossi in te
もし私が君なら

▶ **Se fossi in te**, seguirei il consiglio di tuo padre.
もし私が君なら、お父さんの助言に従うだろうね。

### 1309 se mai // semmai
もしもの時には、なんなら；ことによると

▶ **Se mai**, ti avverto subito.
もしもの時にはすぐ君に知らせるよ。

### 1310 se mai [semmai] + 直説法未来 / 接続法
もし〜であれば、万一〜の場合には

▶ **Se mai** visiterete una casa giapponese, dovrete togliervi le scarpe.
もし皆さんが日本人の家を訪問するなら、靴を脱がなければなりません。

▶ **Se mai** ti sentissi male, chiamami subito!
万一気分が悪いようなら、すぐに私に電話して！

### 1311 se no
そうでなければ

▶ Fate silenzio! **Se no**, la bambina si sveglia.
みんな静かにして！でないと赤ちゃんが起きてしまう。

### 1312 se non + 名詞
（否定文で）～以外に、～の他に

▶ Cristina non ascolta nessuno **se non** sua madre.
クリスティーナはお母さん以外、誰にも耳を貸そうとしない。

### 1313 se non altro
せめて、少なくとも

▶ **Se non altro** avresti potuto comprarmi un regalino.
せめて私に小さなプレゼントを買ってくれても良かったのに。

### 1314 se non fosse per + 名詞
～がなければ

▶ **Se non fosse per** Giuseppe, non potremmo superare questa difficoltà.
ジュゼッペがいなければ、私たちはこの困難を乗り切れないだろう。

### 1315 se solo + 接続法
～しさえすれば

▶ **Se solo** avesse lavorato seriamente, la sua famiglia sarebbe stata felice.
彼がまじめに働いてさえいたら、彼の家族は幸せだったろうに。

▶ **Se solo** potessi tornare indietro!
過去に戻ることができさえすればなあ！　＊願望のニュアンス

## 1316  sé stesso

自分自身

＊stesso は、対象となる名詞の性と数にあわせて語尾変化する。

▶ Leonardo è un uomo che ama solo **sé stesso**.

レオナルドは自分しか愛せない男だ。

## 1317  secondo come gira + a + 人

（人の）気分次第で、その時の気分で

▶ La destinazione del viaggio di Maddalena cambia **secondo come le gira**.

気分次第でマッダレーナの旅行先は変わる。

## 1318  secondo me

私によれば、私に言わせれば、私の意見では

▶ **Secondo me**, ti dona la testa rasata.

あなたにはスキンヘッドが似合うと私は思う。

## 1319  A seguire a B

B の後に A が続く、B の次は A である

▶ **Al** lampo **è seguito** il tuono.

稲光の後に雷鳴がとどろいた。

## 1320  sembrare a + 人 + di + 不定詞

人 が〜するような気がする　〈非人称表現〉

▶ **Mi sembra di** aver già letto questo libro.

僕はもうこの本を読んだような気がする。

## 1321  sembrare（a + 人+）che + 接続法

（人 には）〜のように思える、〜みたいだ　〈非人称表現〉

▶ **Mi sembra che** tu abbia ragione.

君が正しいように私には思える。

**1322** **sempre che ＋ 接続法**

もし〜であれば、〜の条件で、〜の場合に限って

▶ Sarai promosso la settimana prossima, **sempre che** il capo non cambi idea.

上司が考えを変えなければ、君は来週昇進するだろう。

**1323** **sempre più**

ますます、より一層

▶ La moda giapponese è **sempre più** stravagante.

日本のファッションはますます奇抜になっている。

**1324** **sentirci bene**

（耳が）よく聞こえる

▶ Ormai mia nonna non **ci sente** più molto **bene**.

祖母は、今ではもうあまり耳が聞こえない。

**1325** **sentire ＋ 不定詞**

〜するのを聞く、〜するのが聞こえる　〈感覚動詞〉

▶ **Ho sentito** Mauro suonare il pianoforte.

私はマウロがピアノを弾いているのが聞こえた。

**1326** **sentirsi bene**

気分が良い

▶ Oggi **mi sento** molto **bene**.

今日、私はとても気分が良い。

**1327** **sentirsi di ＋ 不定詞**

〜する気がある、〜する気持ちでいる

▶ Non **mi sento di** uscire quando piove così forte.

こんなひどい雨の時は、外へ出る気がしない。

## 1328 sentirsi in colpa verso ＋ 人

人 に対して罪の意識を感じる、申し訳なく思う

▶ Il colpevole **si è sentito in colpa verso** la vittima.

その犯人は、犠牲者に対して罪の意識を感じた。

## 1329 sentirsi male

気分が悪い、気分がすぐれない

▶ Angela **si sente male** perché ha preso il raffreddore.

アンジェラは気分が悪い。風邪を引いたから。

## 1330 senz'altro

もちろん、必ず、きっと、間違いなく

▶ Questa merce arriverà **senz'altro** entro domani.

この商品はもちろん明日中に届きます。

## 1331 senza ＋ 不定詞

～せずに、～しないで

▶ Il personale non autorizzato non può entrare **senza** presentare un documento d'identità.

部外者は身分証明書を呈示せずに入ることはできない。

## 1332 senza che ＋ 接続法

～することなしに、～しなくても、～せずに

▶ Potete comprare dei souvenir qui vicino, **senza che** andiate così lontano.

そんな遠くに行かなくても、皆さんはこの近くでお土産を買うことができます。

## 1333 senza complimenti

遠慮なく、率直に

▶ Puoi esporre il tuo parere **senza complimenti**.
君は遠慮なく見解を述べてくれていいんだよ。

## 1334 senza confronti

群を抜いて

▶ Il talento di Simona è **senza confronti**.
シモーナの才能は群を抜いている。

## 1335 senza dubbio

間違いなく、疑いなく、確かに

▶ **Senza dubbio** hai fatto progressi nel lavoro.
君は仕事において間違いなく進歩したよ。

## 1336 senza motivo

理由もなく、わけもなく

▶ **Senza motivo**, il professor Giovanelli ha rimandato il colloquio a dopodomani.
ジョヴァネッリ先生は理由もなく面接をあさってに延期した。

## 1337 senza pari

比類のない、卓越した

▶ Le opere di quel pittore sono **senza pari**.
あの画家の作品は卓越している。

## 1338 senza sforzo

容易に、楽々と

▶ Quell'anziano ha risolto il cruciverba **senza sforzo**.
あのお年寄りはクロスワードパズルを楽々と解いた。

**1339** **senza sosta**

休まずに

▶ Tommaso ha lavorato per molte ore **senza sosta**.

トンマーゾは休まずにたくさんの時間働いた。

**1340** **servire a + 人**

人 に必要である

▶ Non **mi serve** una macchina fotografica digitale.

デジタルカメラは私には必要ない。

**1341** **servire a [per] + 名詞 / 不定詞**

〜に役立つ

▶ **A** che **serve** una stanza così piccola?

こんな小さな部屋が何の役に立つのですか？

▶ Questa pentola **serve a** cuocere la zuppa di pesce.

この鍋は魚のスープを作るのに役に立つ。

**1342** **sfuggire a + 名詞**

〜から逃れる、〜を免れる ; 〜から滑り落ちる、

〜からこぼれ落ちる ; 〜に見逃される、忘れられる

▶ Da quest'anno sarà difficile **sfuggire ai** controlli del fisco.

今年からは、税務調査を免れるのは容易ではなかろう。

▶ **Gli è sfuggito** un bicchiere di mano.

彼の手からグラスが滑り落ちた。

▶ **Mi è sfuggita** la sua e-mail.

私は彼からのEメールを見落とした。

▶ Come si chiamava quel ragazzo? **Mi sfugge** il suo nome.

彼の名前は何だったっけ？名前が思い出せない。

## 1343 　si dice che ＋ 接続法 / ときに直説法

〜という話だ、〜だそうだ 〈非人称表現〉

▶ **Si dice che** Nanni abbia divorziato dalla moglie.

ナンニが奥さんと離婚したそうだ。

## 1344 　si tratta di ＋ 不定詞

〜しなければならない、〜する必要がある 〈非人称表現〉

▶ Comunque **si tratta di** continuare questa contrattazione.

ともかく、この交渉を続けなければならない。

## 1345 　si tratta di ＋ 名詞

〜である、〜ということである 〈非人称表現〉

▶ Questo è un leone. **Si tratta del** felino più grande dell'Africa.

これはライオンです。アフリカで一番大きなネコ科の動物ですね。

## 1346 　si vede che ＋ 直説法

明らかに〜だ、〜であることはすぐ分かる

▶ Come parli bene l'italiano adesso! **Si vede che** sei appena tornata dall'Italia.

君はなんて上手にイタリア語を話すんだ！君がイタリアから帰ったばかりだってことはすぐ分かるよ。

## 1347 　sia A che B // sia A sia B

A も B も

▶ La domenica mattina ci sono poche persone **sia** in centro **che** in periferia.

日曜の朝は、街も郊外も人は少ない。

### 1348 sia che ＋ 接続法 sia che ＋ 接続法

〜であろうと〜であろうと

▶ Non cambio questo progetto **sia che** lo approvi **sia che** non lo approvi.

君が賛成しようと賛成しまいと、僕はこの計画を変えない。

### 1349 sia pure 〜

たとえ〜であっても、〜とはいえ

▶ Non mi interessa quel film, **sia pure** molto popolare.

たとえ人気があっても、私はその映画には興味がない。

### 1350 simile a ＋ 名詞

〜に似た、〜と同じような

▶ Ieri ho visto un'automobile molto **simile alla** tua.

昨日君の車にそっくりな車を見たよ。

### 1351 smettere di ＋ 不定詞

〜するのをやめる

▶ **Ho smesso di** risparmiare denaro.

私は金を節約するのをやめた。

### 1352 soffrire di ＋ 名詞

〜を患う、(病気に) かかる

▶ La madre di Gianni **soffre di** diabete.

ジャンニのお母さんは糖尿病を患っている。

### 1353 soffrire per ＋ 名詞

〜で苦しむ、〜で悩む

▶ Roberto **soffre per** amore.

ロベルトは恋に苦しんでいる。

## 1354 solo adesso // solo ora

今になって

▶ **Solo adesso** ho appreso la notizia della morte del mio caro maestro.

今になって私は懐かしい師匠の訃報に接した。

## 1355 solo con + 名詞

～があって初めて

▶ In Giappone la modernizzazione cominciò **solo con** la riforma Meiji.

日本において近代化は、明治維新があって初めてスタートした。

## 1356 solo in + 名詞

（その時）になって初めて

▶ Il girasole fu introdotto in Giappone **solo nel** diciassettesimo secolo.

ひまわりは17世紀になって初めて日本に持ち込まれた。

## 1357 solo perché + 直説法

～というそれだけの理由で

▶ Non devi mangiare sempre il sushi **solo perché** sei in Giappone.

君、日本にいるからといって、いつも寿司を食べるべきではないよ。

## 1358 solo se + 直説法

～するのなら
＊solo を入れることで強調。

▶ **Solo se** vieni nel mio studio, posso controllare la tua tesi.

私の研究室に来てくれるのなら、君の論文をチェックしてあげよう。

**1359** **sorprendersi di** + 不定詞

〜に驚く、〜にびっくりする

▶ **Mi sono sorpreso di** averti incontrata in Grecia.

君（女性）にギリシャで会うなんてびっくりしたよ。

**1360** **sostituire A a B**

B を A に取り替える［代える］、B から A に替える［代える］

▶ Il cameriere **ha sostituito** una tovaglia pulita **a** quella macchiata.

ウェイターはシミのついたテーブルクロスをきれいなものに取り替えた。

**1361** **sostituire A con B**

A を B に取り替える［代える］

▶ Bruna **ha sostituito** il dizionario di carta **con** quello elettronico.

ブルーナは紙の辞書を電子辞書に替えた。

**1362** **sostituirsi a** + 名詞

〜に代わる、〜の代理［代行］をする

▶ I supermercati **si sono sostituiti ai** negozi al dettaglio.

スーパーマーケットが小売店に取って代わった。

**1363** **sotto il nome di** + 名詞

〜の名で

▶ Masao lavora in Italia **sotto il nome di** Massi.

正雄は、イタリアではマッシという名で働いている。

**1364** **sotto [sott']** olio

オイル漬けの

▶ Non mi piacciono le sardine **sott'olio**.

私はオイルサーディンが好きではない。

**1365** **spendere ＋ 金・時間・労力 ＋ in［per］＋ 名詞**

（金・時間・労力）を〜に使う、費やす

▶ Giovanna **spende** tanti soldi **in** accessori.

ジョヴァンナはたくさんのお金をアクセサリーに使っている。

**1366** **sperare di ＋ 不定詞**

〜することを望む、〜することを願う

▶ **Spero di** rivederLa in Italia.

イタリアであなたに再会できることを願っています。

**1367** **sta a ＋ 人 ＋ 不定詞**

〜するのは 人 である、〜は 人 次第である

▶ **Sta a** te firmare il contratto.

契約書にサインするのは君である。

**1368** **stando a ＋ 名詞**

〜によると

▶ **Stando a** quell'articolo, le due macchine si sono scontrate all'incrocio.

その記事によれば、2台の車が交差点で衝突した模様である。

**1369** **stando così le cose**

このようなわけで、こういう事情で

▶ **Stando così le cose,** non possiamo accettare la tua richiesta.

こういうわけなので、私たちは君の要求を受け入れることができない。

**1370** **stare ＋ ジェルンディオ**

〜しつつある、〜の最中である、今〜している

▶ I bambini **stanno** facendo merenda.

子供たちはおやつを食べているところです。

### 1371 stare addosso a + 人

人 にまとわりつく、人 につきまとう

▶ Il mio nuovo fidanzato **mi sta** sempre **addosso**.
今度の恋人はいつも私にまとわりついてくる。

### 1372 stare attento a + 名詞 / 不定詞

〜に注意する；〜するよう注意する
＊危険性に関わる「注意」。

▶ **Stai attento alle** macchine quando attraversi la strada!
道路を横切る時は車に注意しなさい！

▶ Signora, **stia attenta a** non scivolare sul pavimento in marmo.
奥様、大理石の床で滑らないよう気をつけてください。

### 1373 stare bene

体調が良い、元気だ

▶ "Anna, come stai?"
"**Sto bene**, grazie!"
「アンナ、元気にしてる？」
「元気よ、ありがとう！」

### 1374 stare bene a + 名詞

〜に似合う、〜にふさわしい

▶ **Ti sta bene** questa maglia.
このニットは君に似合ってる。

### 1375 stare con le mani in mano

何もしないでぶらぶらしている

▶ Lucio **sta con le mani in mano** nonostante debba mantenere la famiglia.
ルーチョは家族を養わねばならないのに何もせずぶらぶらしている。

## 1376 stare per ＋ 不定詞

今にも〜しそうである、まさに〜するところである

▶ Guarda! **Sta per** piovere.

ほら！雨が今にも降りそうだ。

## 1377 stentare a ＋ 不定詞

〜に苦労する、難儀する、やっとのことで〜する

▶ **Ho stentato a** raccogliere i fondi per la beneficenza.

私はチャリティーの資金集めに苦労した。

## 1378 stringere ＋ 人 ＋ fra [tra] le braccia

人 を抱き締める

▶ La madre **ha stretto** i suoi figli **fra le braccia**.

母は子供たちを抱き締めた。

## 1379 stringere la mano a ＋ 人

人 と握手をする、人 の手を握る

▶ La Regina **ha stretto la mano ai** bambini.

女王は子供たちと握手をした。

## 1380 su due piedi

即座に、たちどころに

▶ Ho deciso **su due piedi**.

私は即断した。

## 1381 su misura

あつらえの、オーダーメイドの

▶ Angelo ha ordinato un completo **su misura**.

アンジェロはオーダーメイドのスーツを注文した。

## 1382 subito dopo

直後に、すぐ後に

▶ Flavio si è spogliato e **subito dopo** ha fatto la doccia.

フラーヴィオは服を脱いで、すぐにシャワーを浴びた。

## 1383 subordinato a ＋ 名詞

～に従属した、～の下位にある

▶ Nei popoli antichi la scelta del partner era **subordinata alla** volontà del capofamiglia.

昔の人々においては、結婚相手の選択は家長の意向の下にあった。

## 1384 succedere a ＋ 名詞

～のあとを継ぐ；～に続いて起こる

＊succedere の過去分詞は、「起こる」の意では successo、「あとを継ぐ、続いて起こる」の意では succeduto となる。

▶ Gino **è succeduto al** lavoro di suo padre.

ジーノは父親の仕事を引き継いだ。

▶ **All'**assemblea **succederà** un ricevimento formale.

会議の次に公式の歓迎会が控えている。

## 1385 sul modello di ＋ 名詞

～をまねて；～をまねた

▶ Kyoto è stata fondata **sul modello della** capitale della dinastia cinese Tang.

京都は中国の唐の都をまねて創建された。

## 1386 sul posto

現地で、その場で

▶ Il biglietto si deve comprare **sul posto**.

チケットは現地で買うことになっている。

## 1387 sul serio
真面目に、本気で、真剣に
▶ Massimo, non scherzare! Dico **sul serio**.
マッシモ、ふざけないで！僕は真面目に言ってるんだ。

## 1388 sulla destra [sinistra]
右手 [左手] のほうに
▶ **Sulla sinistra** possiamo vedere una catena montuosa.
左手のほうに山並みが見えます。

## 1389 sullo sfondo
背景に
▶ A Firenze, abbiamo fatto una foto con il Ponte Vecchio **sullo sfondo**.
フィレンツェでは、私たちはヴェッキオ橋を背景に写真を1枚撮った。

## 1390 superiore a ＋ 名詞
〜より優れている、〜以上の
▶ Il tasso di disoccupazione della Francia è **superiore a** quello della Germania.
フランスの失業率はドイツの失業率を上回る。

## 1391 tale che ＋ 直説法
〜であるほどの
▶ La paura del virus è **tale che** nessuno esce più di casa.
ウイルスの恐怖は、誰もがもう外出しないほどである。

## 1392 tale e quale

そっくりそのまま、まったく同じ；まさにそのような（＋直説法）

▶ Enzo è **tale e quale** suo cugino.

エンツォは彼のいとこにそっくりだ。

▶ Il panorama della Costa Smeralda è stato **tale e quale** ci aspettavamo.

エメラルド海岸の眺めは私たちが期待していた通りだった。

## 1393 talmente ... che ＋直説法

あまりに ... なので～だ、～するほど ... だ

▶ In quel ristorante si mangia **talmente** bene **che** molti gastronomi lo frequentano.

そのレストランはあまりに美味しいので、多くのグルメが頻繁に通う。

（多くのグルメが頻繁に通うほどそのレストランは美味しい）

## 1394 tanto

どっちみち

▶ Posso portare i documenti a Luigi, **tanto** devo andare a casa sua oggi.

ルイージに書類を届けてあげてもいいよ、どっちみち今日は彼の家に行かなければならないから。

## 1395 tanto ~ che ...

... するほど～だ、非常に～なので ... だ

▶ Silvana è **tanto** gentile **che** quando prende l'autobus cede sempre il posto agli anziani.

シルヴァーナは、バスに乗ったらいつもお年寄りに席を譲るくらい親切だ。

（シルヴァーナはとても親切なので、バスに乗るといつもお年寄りに席を譲る）

### 1396 tanto che ＋ 直説法

その結果、そのため、そこで

▶ Ho camminato troppo, **tanto che** le scarpe si sono sfondate.

私は歩き過ぎて、靴の底が抜けてしまった。

### 1397 tanto ... da ＋ 不定詞

〜するほど ... だ、非常に ... なので〜だ

▶ Clemente è **tanto** avaro **da** non offrire il pranzo neppure alla sua fidanzata.

クレメンテは、恋人にさえ昼食をごちそうしないほどケチだ。

（クレメンテは非常にケチなので、恋人にさえ昼食をごちそうしない）

### 1398 tanto meno 〜

ましてや〜でない、なおさら〜でない

▶ Non sono mai stato a Roma, **tanto meno** ho visto il Vaticano.

私はローマに行ったことがない。ましてやヴァチカンは見ていない。

### 1399 tanto per ＋ 不定詞

ほんの〜で、〜のためだけに、ただ〜のために

▶ Raffaele è uno sciocco. Ha gridato "incendio!" **tanto per** scherzare.

ラッファエーレはばか者だ。彼はほんの冗談で「火事だ！」と叫んだ。

### 1400 tanto più 〜

なおさら〜、一層〜

▶ Se ti è piaciuta Capri, **tanto più** ti piacerà Ischia.

カプリ島が気に入ったのなら、イスキア島はより一層好きになるだろう。

## 1401 tanto ~ quanto ...

... と同じくらい〜だ

▶ Rosa è **tanto** simpatica **quanto** intelligente.
ローザは頭が良くて人柄も良い。

## 1402 telefonare a + 名詞

〜に電話する

▶ Stasera devo **telefonare a** Umberto.
今夜、ウンベルトに電話しなければならない。

## 1403 tempo permettendo

天気が良ければ

▶ **Tempo permettendo**, sabato andrò al mare.
天気が良ければ、次の土曜日、海に行くつもりです。

## 1404 tendere a + 名詞 / 不定詞

〜の傾向がある、〜しがちだ

▶ Stefano **tende ad** evitare le persone sconosciute.
ステーファノは知らない人を避ける傾向にある。

## 1405 tenere a + 名詞

〜にこだわる、〜に執着する

▶ Mia suocera **tiene** molto **alle** apparenze.
うちの姑はものすごく体裁にこだわる。

**1406** **tenere [tenerci] a + 名詞 / 不定詞**
〜を大事にする、とても〜したい

▶ Mauro **ci tiene** molto **al** legame con la famiglia.
マウロは家族のきずなをとても大切にしている。

＊《tenerci a + 名詞 / 不定詞》を用いる場合は話し言葉になる。

▶ Carla **tiene** molto **a** visitare Asakusa quando viene a Tokyo.
カルラは、東京に来る時は、ぜひとも浅草を訪れたいと思っている。

**1407** **tenere conto di + 名詞**
〜を念頭に置く、〜を考慮に入れる

▶ Se vai in centro con la macchina, **tieni conto del** traffico.
車で街中に出るのなら、渋滞を頭に入れておきなさい。

**1408** **tenere d'occhio + 名詞**
〜を監視する、〜に目を光らせる、〜を注意して見る

▶ La polizia **tiene d'occhio** quel personaggio sospetto.
警察はあの不審人物に目を光らせている。

**1409** **tenere [prendere] + 人 + per mano**
人の手を引く、人と手をつなぐ

▶ Marisa vuole **tenere** sempre il suo ragazzo **per mano**.
マリーザはいつも彼氏と手をつなぎたい。

**1410** **tenere presente che + 直説法**
〜に留意する、〜を考慮に入れる

▶ Dobbiamo **tenere presente che** il problema è molto complicato.
私たちは、問題が非常に複雑であることに留意しなければならない。

## 1411 tenere sottomano + 名詞

〜を手元に置く

▶ **Tenete sottomano** gli oggetti di valore.

貴重品は手元に置いてください。

## 1412 tenersi buono + 人

[人]と良い関係を保つ

＊ buono は、続く名詞 ([人]) の性と数にあわせて語尾変化する。

▶ Gli esercenti devono **tenersi buoni** i loro clienti.

商店主たちは顧客と良好な関係を保たなければならない。

## 1413 tentare di + 不定詞

〜しようと試みる、〜しようとする

▶ Matteo **ha tentato di** accarezzare un gatto randagio, ma quello è scappato via.

マッテーオは野良猫をなでようとしたが、猫は逃げ去った。

## 1414 tirare a campare

その日暮らしをする；あくせくせずに生きる

▶ Ho perso ogni speranza. Ormai **tiro a campare**.

私は希望をすべて失った。今ではその日暮らしだ。

## 1415 tirare avanti

なんとかやっていく

▶ Potremo **tirare avanti** anche con pochi soldi.

私たちはわずかの金でもなんとかやっていけるでしょう。

## 1416 tirare diritto

まっすぐ進む、人目を気にせず進む

▶ Uscendo dal palazzo, il primo ministro **ha tirato diritto**, senza considerare la stampa.

首相は、官邸から出てくると、報道陣を無視してまっすぐ先を急いだ。

267

**1417** **tirare fuori** + 名詞

～を取り出す、引き出す

▶ Quel ragazzo **ha tirato fuori** tutti gli spiccioli che aveva.

その少年は手持ちの小銭をすべて取り出した。

**1418** **tirare [stringere] la cinghia**

つましく暮らす、節約する

▶ Mio padre ha perso il lavoro improvvisamente. Dobbiamo **tirare la cinghia**.

父が突然失業した。私たちはつましく暮らさなければならない。

**1419** **tirare su** + 人

人 を元気づける、引き上げる、育てる

▶ Il suo incoraggiamento mi **ha tirato su**.

彼の励ましに私は元気づけられた。

**1420** **toccare a** + 人

人 の番である、人 に (順番が) 当たる

▶ A chi **tocca**? Non **tocca a** te?

誰の番だ？君の番じゃないの？

**1421** **torcere un capello a** + 人

人 に悪さをする、人 に迷惑をかける

▶ Marcello non **torcerebbe un capello ad** alcuno.

マルチェッロは誰に対しても悪さをするような人間ではない。

**1422** **tornare indietro**

引き返す、戻る

▶ Martino, non conosco questa strada. **Torniamo** subito **indietro**.

マルティーノ、僕はこの道を知らない。すぐに引き返そう。

## 1423 tradurre in + 名詞（言語）

〜語に翻訳する

▶ Per me è difficile **tradurre** dal giapponese **in** italiano.

日本語からイタリア語に訳すのは私には難しい。

## 1424 trarre giovamento da + 名詞

〜を利用する

▶ Vari settori **hanno tratto giovamento dalla** popolarità dei mondiali di calcio.

いろいろな業界がサッカーワールドカップの人気を利用した。

## 1425 trasformare A in B

A を B に変える［変質させる］

▶ Lo stilista **ha trasformato** quella semplice ragazza **in** una donna elegante.

スタイリストはその飾り気ない女の子をエレガントな女性に変えた。

## 1426 trattenersi dal + 不定詞

〜を我慢する、控える、自制する

▶ Non dovresti **trattenerti dal** mangiare troppo?

君は食べ過ぎを抑えないといけないんじゃないの？

## 1427 troppo ... per [da] + 不定詞

〜するにはあまりにも ... だ、... 過ぎて〜できない

▶ Questo film è **troppo** difficile **per** essere hollywoodiano.

この映画はハリウッド映画にしてはあまりにも難し過ぎる。

▶ Sono **troppo** stanco **per** continuare il lavoro.

私は疲れ過ぎて仕事を続けることができない。

**1428** **trovarsi bene**

居心地が良い、満足である

▶ **Mi trovo bene** in questo piccolo villaggio.

この小さな村は僕には居心地がいい。

**1429** **tutt'altro che ～**

決して～ではない、全然～ではない

▶ Il signor Bini è **tutt'altro che** avaro. Anzi, è piuttosto generoso.

ビーニさんは決してケチではない。むしろ、わりと気前がいい。

**1430** **tutt'ora**

いまだに、今なお

▶ In questa cittadina **tutt'ora** rimane un negozio che vende la frittura di latte.

この小さな町ではいまだにフリットゥーラ・ディ・ラッテを売る店が残っている。

**1431** **tutti [tutte] e due**

ふたりとも、ふたつとも
＊「ふたり」「ふたつ」がともに女性名詞の場合は tutte となる。

▶ **Tutti e due** i nonni stanno bene.

祖父母ふたりとも元気です。

**1432** **tutti gli altri ＋ 名詞**

他の～はみんな、他のすべての～
＊対象となる名詞が女性名詞の場合は tutte le altre となる。

▶ **Tutti gli altri** turisti sono rientrati in albergo.

他の観光客たちはみんなホテルに戻った。

## 1433 tutti i giorni

毎日、連日

▶ Quando era bambina, Donatella parlava con sua nonna **tutti i giorni**.

ドナテッラは子供の頃、毎日おばあさんと話していた。

## 1434 tutti insieme

みんな一緒に、一斉に

＊「みんな」がすべて女性の場合は tutte insieme となる。

▶ Possiamo entrare nel salone **tutti insieme**.

私たちはみんな一緒に大広間に入ることができますよ。

## 1435 tutti quanti

全員、みんな

＊「全員、みんな」がすべて女性の場合は tutte quante となる。

▶ Sono già tornati **tutti quanti**.

みんなもう帰りました。

## 1436 (tutto) d'un fiato

一気に、一息に、一瞬にして

▶ Daniele ha bevuto una bottiglia di succo d'arancia **tutto d'un fiato**.

ダニエーレは、オレンジジュースを1瓶、一気に飲み干した。

## 1437 tutto il giorno

一日中

▶ Ieri ho ascoltato la musica **tutto il giorno**.

昨日私は一日中、音楽を聴いていた。

### 1438 tutto insieme

一度に、一気に、全部まとめて

＊tutto は、対象となる名詞の性と数にあわせて語尾変化する。

▶ Posso prendere così tante medicine **tutte insieme**?

こんなたくさんの薬を一度に飲めるかな？

### 1439 tutto quanto

全部、すべて

▶ Quel politico ha rivelato **tutto quanto**.

その政治家はすべてを暴露した。

### 1440 tutto sommato

結局のところ、全体的に見て、得失を考えると

▶ **Tutto sommato,** in questa situazione sarebbe meglio non fare niente.

全体的に考えて、この状況下では何もしないほうが賢明かもしれない。

### 1441 ubbidire a + 名詞

〜に従う

▶ Daria **ubbidisce** sempre **alle** parole di sua madre.

ダーリアはいつもお母さんの言葉に従う。

### 1442 ubriaco fradicio

泥酔した、べろべろに酔った

▶ Filippo è tornato a casa **ubriaco fradicio**.

フィリッポは泥酔して家に帰った。

**1443** **un bel po'**

かなり、相当；長い間

▶ Non vedo Pietro da **un bel po'**.
私は、かなり（の期間）ピエートロに会っていない。

**1444** **un cumulo di** + 名詞

～の山

▶ Dopo il terremoto, la casa era ridotta a **un cumulo di** macerie.
地震の後、その家は瓦礫の山になっていた。

**1445** **un giorno**

（未来の）いつか；（過去の）ある日

▶ **Un giorno** vorremmo possedere una grande casa in campagna.
いつか私たちは田舎に大きな家を持ちたい。

▶ **Un giorno** il principe incontrò una fanciulla sulla riva del lago.
ある日、王子様は湖のほとりで1人の娘に出会いました。

**1446** **un gran numero di** + 名詞

たくさんの～、多数の～

▶ Il Re di Francia raccolse **un gran numero di** artisti.
フランス国王はたくさんの芸術家を集めた。

**1447** **un massimale [minimale] di** + 名詞

最高で［最低で］～、最大で［最小で］～

▶ Quest'assicurazione garantisce **un massimale di** centomila euro.
この保険は最高10万ユーロを保障する。

**1448** **un mucchio di** + 名詞

たくさんの〜

▶ In piazza c'è **un mucchio di** gente.
広場にたくさんの人がいる。

**1449** **un paio di** + 名詞

1対の〜、1足の〜

▶ Al grande magazzino ho comprato **un paio di** pantaloni e **un paio di** scarpe.
デパートで私は1本のズボンと1足の靴を買った。

**1450** **un pizzico di** + 名詞

一つまみの〜、少量の〜、一片の〜

▶ Per aggiustare il sapore, io metto **un pizzico di** zucchero nella salsa di pomodoro.
味を調えるため、私はトマトソースに一つまみの砂糖を入れます。

**1451** **un po'**

少し、ちょっと

▶ Franco è **un po'** antipatico.
フランコはちょっと意地悪だ。

**1452** **un po' di** + 名詞

少しの〜

▶ Bevo un caffè con **un po' di** zucchero.
私はコーヒーに少し砂糖を入れて飲む。

**1453** **un po' di più**

もう少し

▶ Vorrei stare qui a Siena **un po' di più**.
もう少しこのシエーナにいたいなあ。

## 1454 un sacco di + 名詞
たくさんの～、山ほどの～

▶ Enzo ha guadagnato **un sacco di** soldi in due anni.
エンツォは2年で山ほどの金を稼いだ。

## 1455 una cosa simile
そんなこと、そのようなこと、そういうこと

▶ Ho già sentito **una cosa simile**.
私はかつてそんなことを聞いたことがある。

## 1456 una folla di + 名詞
大勢の～

▶ **Una folla di** appassionati si è riunita per l'inaugurazione della mostra.
大勢のファンが展覧会のオープニングセレモニーに集まった。

## 1457 una serie di + 名詞
一連の～、一揃いの～、～のシリーズ

▶ Luciano ha frequentato **una serie di** eventi enogastronomici.
ルチャーノは一連の料理ワインイベントに通った。

## 1458 una specie di + 名詞
～のようなもの、一種の～

▶ L'udon è **una specie di** tagliatelle di farina di frumento.
うどんとは小麦粉で作られたタリアテッレのようなものである。

## 1459 una tazza [un bicchiere] di + 名詞
1杯の～

▶ Ogni mattina mi sveglio con **una tazza di** caffè.
毎朝、私は1杯のコーヒーで目覚める。

**275**

## 1460 una volta // un tempo

かつて、昔

▶ **Una volta** Roberto faceva il giudice.

かつてロベルトは裁判官だった。

## 1461 una volta che + 直説法

一度～したからには、いったん～したら、～した以上は

▶ **Una volta che** avrai accettato la proposta, non potrai tirarti indietro.

一度その提案を受け入れたなら、君はもう手を引けないよ。

## 1462 uno dopo l'altro

次々に、次から次へと、片っ端から

＊uno dopo l'altro は、対象となる名詞が女性名詞の場合、una dopo l'altra となる。

▶ Loro hanno affrontato i problemi con ordine, **uno dopo l'altro**.

彼らは順序立てて次から次へと問題に取り組んだ。

▶ Le studentesse scendevano per le scale **una dopo l'altra**.

女性徒たちが次から次へと階段を下りてきた。

## 1463 uno ～, l'altro ...

一方は～他方は ...

＊uno、l'altro は対象となる名詞の性と数にあわせて語尾変化し、複数の場合には gli uni [le une] ～、gli altri [le altre] ... となる。

▶ Qui ci sono due generi di asparago. **Uno** è di Hokkaido, **l'altro** è di Saga.

ここに2種類のアスパラガスがある。一方は北海道産、他方は佐賀県産だ。

**1464** **uscire di casa**

外出する、家を出る

▶ Quando **sono uscita di casa**, tirava un vento forte.

私が外出した時、風が強く吹いていた。

**1465** **vale a dire**

すなわち、つまり

▶ Il problema di Venezia, **vale a dire** quello dell'acqua alta, è molto grave.

ヴェネツィアの問題、すなわち高潮の問題は非常に深刻である。

**1466** **valere la pena di** ＋ 不定詞

〜するだけの価値がある

▶ Le rovine di Paestum sono magnifiche. **Vale la pena di** vederle.

ペストゥムの遺跡はすばらしい。見るだけの値打ちはある。

**1467** **vantarsi di** ＋ 名詞 / 不定詞

〜を自慢する、〜でうぬぼれる

▶ Il professor Paoli **si vanta del** suo merito come scienziato.

パオリ教授は自分の科学者としての功績を自慢する。

**1468** **vari tipi di** ＋ 名詞

いろいろな種類の〜

▶ A Tokyo si possono mangiare **vari tipi di** piatti.

東京では、いろいろな種類の料理を食べることができる。

**1469** **vederci bene**

（目が）よく見える

▶ Non **ci vedo bene**.

私は目がよく見えない。

### 1470 **vedere** ＋ 不定詞

〜するのを見る 〈感覚動詞〉

▶ **Ho visto** Carla chiacchierare con le sue amiche.
私はカルラが友人たちとおしゃべりしているのを見た。

### 1471 **vedere che** ＋ 直説法

〜だと分かる、〜だと感じる

▶ Solo ora **vedo che** la mia idea era impraticabile.
今になって、自分の考えが非実用的であったと感じている。

### 1472 **vedere di** ＋ 不定詞

〜するよう努める

＊よく考えたうえでやってみるという意味。命令形にした場合、かなり強い
表現になる。

▶ **Vedo di** finire il lavoro prima di sera.
夕方までに仕事を終えるよう努めます。

▶ **Veda di** sbrigarsi.
急いで片付けたまえ。

### 1473 **vedere di buon occhio** ＋ 名詞

〜を好意的に見る

▶ Il re non **vedeva di buon occhio** i paesi vicini.
王は近隣諸国を好意的に見ていなかった。

### 1474 **venire** ＋ ジェルンディオ

〜し続ける；だんだん〜になる

▶ La popolazione del paese **viene** diminuendo.
村の人口はだんだん減っている。

**1475** **venire** ＋ 過去分詞

〜される 〈受身の表現〉

▶ La porta del castello **viene** aperta alle sei.

城門は6時に開けられる。

**1476** **venire a** ＋ 不定詞

〜しに来る；〜するようになる、〜するに至る

▶ Ada e Giorgia **sono venute a** trovarmi.

アーダとジョルジャは私に会いに来た。

▶ **Sono venuto a** sapere che la mia ex-moglie si è risposata con un mio compagno di classe.

私は、前妻が私のクラスメートと再婚したということを知った。(知るに至った)

**1477** **venire a conoscenza di** ＋ 名詞

〜を知るに至る、〜を知る

▶ **Sono venuto a conoscenza della** morte di Suo marito.

あなたのご主人のご不幸を知りました。

**1478** **venire a** ＋ 人 ＋ **voglia di** ＋ 不定詞

人 は〜したくなる

＊venire は3人称単数形で用いる。

▶ **Mi viene voglia di** bere lo spumante quando mangio il caviale.

私はキャビアを食べる時スプマンテが飲みたくなる。

**1479** **venire da** ＋ 不定詞 ＋ **a** ＋ 人

人 が〜したい気持ちになる、 人 が〜しそうになる

▶ Quando vedo il viso di un bambino, **mi viene da** sorridere.

赤ちゃんの顔を見ると私は微笑みたくなる。

## 1480 venire in mente a + 人

人の心 [頭] に思い浮かぶ

▶ **Mi viene** spesso **in mente** il viso di mia nonna.
祖母の顔がしばしば私の心に思い浮かぶ。

## 1481 venire la pelle d'oca + a + 人

人の鳥肌が立つ

▶ Quando sento una storia di fantasmi, **mi viene la pelle d'oca**.
怪談話を聞くと、私は身の毛がよだつ。

## 1482 vergognarsi di + 名詞 / 不定詞

～を恥ずかしいと思う

▶ Fausto **si vergogna di** quello che ha detto ai genitori.
ファウストは、自分が両親に言ったことを恥ずかしいと思う。

## 1483 vero e proprio

正真正銘の

▶ Lui è un **vero e proprio** esperto.
彼は正真正銘のエキスパートだ。

## 1484 via via che + 直説法

～につれて

▶ **Via via che** una città si sviluppa, aumenta la sua popolazione.
都市が発展するにつれて、その人口が増える。

## 1485 vicino a + 名詞

～の近くに

▶ **Vicino alla** caserma dei pompieri c'è la questura.
消防署の近くに警察署がある。

## 1486 visto + 名詞

～を考慮して

＊visto は、続く名詞の性と数にあわせて語尾変化する。

▶ **Visti** i risultati negativi degli esami, i medici hanno dimesso il paziente.

検査結果が陰性だったことで、医師たちは患者を退院させた。

## 1487 visto che + 直説法

～だから

▶ **Visto che** oggi è sereno, prendiamo il sole.

今日は晴れているから、日光浴をしよう。

## 1488 volerci

（時間や費用などが）かかる、必要である

▶ **Ci vogliono** due ore e mezzo per andare a Osaka.

大阪へ行くのに2時間半かかります。

▶ **Ci vuole** un bel coraggio a tenere un pitone fra le braccia.

ニシキヘビを腕に抱えるのはかなりの度胸が必要だ。

## 1489 volere bene a + 人

人 が好きだ、人 を大事にしたい

▶ Mamma, **ti voglio bene**.

ママ、好きだよ。

## 1490 volere dire

意味する

▶ Che cosa **vuol dire** "talismano"?

「talismano」とはどういう意味ですか？

**1491** **voltare le spalle a ＋ 人**

　　人 に背を向ける、人 を見捨てる

▶ Il popolo **ha voltato le spalle al** primo ministro.

　国民は、首相に背を向けた。

**1492** **volto a ＋ 名詞 / 不定詞**

　　〜に向けられた；〜を向いた

▶ Si discute una proposta di legge **volta a** semplificare le procedure.

　手続の簡略化に向けられた（を意図した）法案が審議される。

**1493** **vuole essere così gentile da ＋ 不定詞 ？**

　　すみませんが〜していただけませんか？

▶ Scusi, **vuole essere così gentile da** chiudere la porta?

　すみませんが、ドアを閉めていただけませんか？

282

# 索　引

**317**

**323**

## MP3音声ファイルのダウンロード方法（PC）

① 「ベレ出版」ホームページ内、『[音声DL付] 例文と覚えるイタリア語必須イディオム・連語1493』の詳細ページにある「音声ダウンロード」ボタンをクリックします。
② ダウンロードコード iW3Mn5Q3 を入力してダウンロードします。

※ MP3携帯プレイヤーへのファイル転送方法、パソコンソフトなどの操作方法については、メーカーにお問い合わせいただくか、取扱説明書をご参照ください。

## audiobook.jp 音声ダウンロード方法（PC、スマートフォン）  audiobook.jp

① PC・スマートフォンで音声ダウンロード用のサイトにアクセスします。
QRコード読み取りアプリを起動し、下記QRコードを読み取ってください。
QRコードが読み取れない方はブラウザから「http://audiobook.jp/exchange/beret」にアクセスしてください。

② 表示されたページから、audiobook.jp への会員登録ページに進みます。
※音声のダウンロードには、audiobook.jp への会員登録（無料）が必要です。
※既にアカウントをお持ちの方はログインしてください。

③ 会員登録後、シリアルコードの入力欄に iW3Mn5Q3 を入力して「交換する」をクリックします。クリックすると、ライブラリに音源が追加されます。

④ スマートフォンの場合はアプリ「audiobook.jp」をインストールしてご利用ください。PCの場合は、「ライブラリ」からご利用ください。

---

〈ご注意〉
・ダウンロードには、audiobook.jp への会員登録（無料）が必要です。
・PCからでも、スマートフォンからでも音声を再生できます。
・音声は何度でもダウンロード・再生いただくことができます。
・書籍に表示されている URL 以外からアクセスされますと、音声をご利用いただけません。URL の入力間違いにご注意ください。
・サービスは予告なく終了する場合がございます。
・ダウンロードについてのお問い合わせ先：info@febe.jp（受付時間：平日10〜20時）

---

**著者紹介**

**本多 孝昭**（ほんだ・たかあき）

京都大学法学部卒。
イタリア文化の真髄に触れてみたいとの一心から独学でイタリア語を学び、現在は日伊学院でイタリア語の文法や和訳を指導するかたわら、翻訳・通訳にもたずさわる。
イタリア語通訳案内士。
著書に『MP3 CD-ROM付き 本気で学ぶイタリア語』、『CD BOOK 本気で学ぶ中・上級イタリア語』がある。

- ◉──収録音声ナレーター Alessandra Korfias（アレッサンドラ・コルフィアス）
- ◉──カバーデザイン 竹内 雄二
- ◉──DTP・本文図版 株式会社 文昇堂
- ◉──校正協力 武田 明子

---

**[音声DL付] 例文と覚えるイタリア語必須イディオム・連語1493**

| | |
|---|---|
| 2020年11月25日 | 初版発行 |
| 2024年 9月 6日 | 第2刷発行 |

| | |
|---|---|
| 著者 | **本多 孝昭** |
| 発行者 | 内田 真介 |
| 発行・発売 | ベレ出版<br>〒162-0832 東京都新宿区岩戸町12レベッカビル<br>TEL.03-5225-4790 FAX.03-5225-4795<br>ホームページ https://www.beret.co.jp/ |
| 印刷 | モリモト印刷 株式会社 |
| 製本 | 根本製本 株式会社 |

ISBN 978-4-86064-635-6 C2087　　　　　　　　編集担当 大石裕子